本成果受到中国人民大学 2017 年度
"中央高校建设世界一流大学（学科）和特色发展引导
专项资金"支持

中国与世界秩序研究丛书
主 编：杨光斌

华夏传统对外战略教益：
经典前四史摘录和评注

时殷弘 著

The Traditional Chinese Foreign Strategies :
Lessons from the Four Earliest Classical
Historiographies

中国社会科学出版社

图书在版编目（CIP）数据

华夏传统对外战略教益：经典前四史摘录和评注/时殷弘著.
—北京：中国社会科学出版社，2018.7
（中国与世界秩序研究丛书）
ISBN 978-7-5203-2652-0

Ⅰ.①华… Ⅱ.①时… Ⅲ.①外交史—研究—中国—古代
Ⅳ.①D829

中国版本图书馆CIP数据核字（2018）第124941号

出 版 人	赵剑英
责任编辑	王 茵
特约编辑	郭 枭
责任校对	张一飞
责任印制	王 超

出　　版	中国社会科学出版社
社　　址	北京鼓楼西大街甲158号
邮　　编	100720
网　　址	http://www.csspw.cn
发 行 部	010-84083685
门 市 部	010-84029450
经　　销	新华书店及其他书店
印　　刷	北京君升印刷有限公司
装　　订	廊坊市广阳区广增装订厂
版　　次	2018年7月第1版
印　　次	2018年7月第1次印刷
开　　本	710×1000　1/16
印　　张	12.75
字　　数	118千字
定　　价	55.00元

凡购买中国社会科学出版社图书，如有质量问题请与本社营销中心联系调换
电话：010-84083683
版权所有　侵权必究

《中国与世界秩序研究丛书》
总　序

杨光斌

人类正经历百年不遇之大变局，世界秩序正处于在大变革中。美国不断"退群"、很多国家的无效治理以及以中国为代表的新兴经济体的崛起，正在根本性改变第二次世界以来美国主导下的"自由世界秩序"，正在改变着三百年来西方主导下的世界体系。

此时此刻，中国关于世界政治的知识存量严重短缺。与我国正在进行的经济结构转型升级相比，中国社会科学知识体系的转型升级甚至更为迫切，只不过文化迟滞性和思想惰性使得这种迫切性被掩蔽了。中国已经发展成为令世界各国备受尊敬、刮目相看的国家，是很多国家乃至发达国家年轻人的就业目的地，但是很多国人依然在用西方中心主义的知识体系和思想观念来"关照"中国，中国好像处处不符合"标准答案"，然而符合"标准答案"的很多非西方国家又当如何呢？

应该认识到，来自西方中心主义的"标准答案"是一种阶段性历史。改革开放对谁开放？当然是西方发达国家，我们不仅要吸纳西方人的投资，还要学习人家的经济管理和科学技术、乃至思想体系，中国社会科学的知识体系就是在这种背景下形成的。作为社会科学体系中的世界政治学科（过去习惯称国际政治学或国际关系理论），基本上是按照西方、尤其是美国的国际关系理论建立起来的，马克思主义的国际关系理论比如著名的阶级论、帝国主义论被边缘化，结构现实主义、新自由制度主义、建构主义（简称"三大范式"）则无处不在。了解并理解西方知识体系是重要的，否则就不知道别人怎么想怎么说，无从学习，无法和人家对话。但是，一定要认识到，从比较政治学中的研究现代化和民主化的"转型学范式"，到国际关系理论的"三大范式"，都是为既定的西方国内政治结构和西方主导的世界秩序而建构起来的，或者说西方国际关系理论以学术范式的形式而维护着西方的国家利益，中国人按照这一套思维方式和方法论去研究中国政治、中国的对外关系，事实上在自觉不自觉地强化着他人的话语权。更重要的，来自西方知识体系的世界政治学科（包括比较政治学和国际关系理论）乃至整个社会科学，已经严重滞后于中国的大战略需要。

"改革开放已经进入下半程"的判断同样适应于中国的世界政治学科建设。如果说前几十年的改革开放是面对西方，现在，中国的大战略有了新动向，那就是"一带一路"倡议和亚投行所代表的中国国家安全战略的新布局。"一带一路"研究已经成为世界政治学科中的显学中的显学，但是我们对"一带一路"沿线国家理解多少呢？在中国世界政治学界，无论是研究非洲问题的还是研究东南亚政治的，出国留学或者进修的目的地基本上都是美国欧洲，这种现象意味着还是在学习和研究欧美，而不是研究非西方国家，以致于我们的世界政治学科面临着严重的知识短缺。

学界对于印度尼西亚这样的大邻居关怀甚少，对于如此重要的"雅万高铁"为什么迟迟不能开工并没有多少研究。这个大案例意味着，对于印度尼西亚这样的巨型国家，我们的知识尚且如此匮乏，对于非洲、南亚次大陆、拉丁美洲等广大的非西方国家，我们的知识积累也不会好到哪去，而非西方国家已经是中国的战略利益所在。不同于人文哲学学科，世界政治这样的应用型学科必须服务于重大现实战略，这是其学科性质所决定的；反之，其学科发展也是国家战略带动起来的，没有国家战略的需要，就没有动力去发展这些学科，因此知识滞后也属于正常现象。"二战"之后美国比较政治学的兴起以及发展理论的诞生（包括发展经济学、发展政治学和发展社会学），均是由美国战略需要带动起来的。20世纪60年代后，美国年轻学者纷纷走向非洲，进入近邻拉丁美洲，前往亚洲，把自己的理论运用到非西方社会研究，并试图去改造非西方国家。

国家战略需要和学科性质的关系决定了，中国的世界政治学科关注的焦点应该有一个大转身。一方面，"存量"知识依然是重要的，因为欧美依然是中国的战略关键所在；另一方面，中国迫切需要知识"增量"，即对非西方国家的深度研究和深刻理解，正如我们有很多美国、欧洲、日本问题专家一样，中国需要更多的非西方国家的国别问题专家。研究非西方国家不但是一种知识转型，更将是我国世界政治科学的升级。中国是非西方国家的典型，研究历史上的中国对外关系就能强烈地感受到，很多来自西方国家的国际关系理论不管用，比如怎么能用国强必霸的民族国家理论如现实主义理论来诠释一个奉行"天下观"的文明型中国呢？同样，"修昔底德陷阱"针对的是城邦政治和民族国家之间的关系，怎么可以用来分析中国这样的"文明型国家"呢？以研究古巴导弹危机出名的哈佛大学教授格雷厄姆·阿里森（Graham Allison）认为中美之间难逃"修昔底德陷阱",他对中国文明有多少理解?哈佛教授们只关心美国主导的"自由世界秩序",对"人类命运共同体"又有多少理解?或者说他们愿意理解吗?理解中国有助于国际关系理论的反思和发展,而研究不同于儒家文明的其他文明的非西方国家,势必会给流行的国际关系理论带来更多的挑战。

因此,中国人民大学国际关系学院组织的"中国与世界秩序研究丛书",既有国家安全战略需要的背景,又有学科建设、知识转型升级的知识论考虑。

2018年6月26日
于中国人民大学国际关系学院

目 录

简要说明 …………………………………………（1）

战略审慎 …………………………………………（3）

战略保守主义 ……………………………………（27）

过度伸展或对外妄为的教训 ……………………（55）

混合的和情势性的大战略思想和实践 …………（84）

殆无止境的大战略艰难 …………………………（142）

简要说明

本书依据中国经典前四史，即司马迁撰《史记》、班固撰《汉书》、范晔撰《后汉书》和陈寿撰/裴松之注《三国志》，摘录其中特别与五个范畴或主题深入关联的片断，并予以政治和战略视野出发的评注。这五个范畴或主题是：（1）战略审慎；（2）战略保守主义；（3）过度伸展或对外妄为的教训；（4）混合的和情势性的大战略思想和实践；（5）殆无止境的大战略艰难。本书的根本要旨，是发现和提取华夏对外战略的基本历史教益，它们基于审慎精神和战略保守主义，契合关于华夏与"蛮夷"之间的哲理关系的儒家意识形态，集中或优先地致力于华夏国家本部的稳定、繁荣和安全，从而非常注重对外目标的适切性、可用能力的限度和尽可能最合算的成本效益。

本书采用一种在中国传统学问中悠久和屡见的评注式方法，意在使读者可以自己依据经摘录的典籍片断，去尽可能最方便地作出自己的判断和领悟。仅为限制篇幅和突出主题，而不是为了遮蔽任何不利于评注者论断的史录，史籍中相对而言枝节性或旁述性的文句文段在此被省略掉了。无论如何，这些片断与其中记述的思想、论辩和实践是悠久的中国战略史上的部分宝贵财富，体现了某些非常丰富的战略思想"基因"、要素和风貌，具有显而易见的现实和未来意义。

战 略 审 慎

史记本纪第四周本纪摘录和评注

[伟大的政治领导从事的初始"战略缔造"]

公季卒，子昌立，是为西伯。西伯曰文王［前12至11世纪；一说前1152—前1056年］**[文王：周族的伟大的政治领导和战略领导——伟大的战略成就的一项先决条件或大便利条件；他承继的和在他那里才成为自觉的战略传统；他的战略眼界、战略勤勉、战略审慎和战略耐心]**，遵后稷、公刘之业，则古公、公季之法，笃仁，敬老，慈少。礼下贤者，日中不暇食以待士，士以此多归之。**[文王：另一种"政治文化"传统——与殷商相反的政治文化传统——被牢固地确立。一个正在兴起中的自觉的新型强国或许已开始形成其大有抱负的大战略目标；与此同时，它大致已经有了它的民族和政治文化特征天然地规定的根本大战略方式：经行使"软权势"和累积"硬权势"基础而壮大和扩展，以便"无限期地"等待决定性变更的决心性时刻。]伯夷、叔齐在孤竹，◇集解应邵曰："在辽西令支。"闻西伯善养老，盍［hé，合，聚合］往归之。太颠、闳［hóng］夭、散宜生、鬻［yù］子、辛甲大夫之徒皆往归之。◇集解刘向别录曰："鬻子名熊，封于楚。辛甲，故殷之臣，事纣。盖七十五谏而不听，去至周，召公与语，贤之，告文王，文王亲自迎之，以为公卿，封长子。"长子今上党所治县是也。[吸引力中心在权势和权威转移之前已经转移。政治胜利由此赢得，先于军事较量的胜利。]

　　崇侯虎譖［zèn］西伯于殷纣曰："西伯积善累德，诸侯皆乡［向］之，将不利于帝。"帝纣乃囚西伯于羑［yǒu］里［文王囚中演《周易》，成为一位自觉的甚而"理论化"的战略家］。闳夭之徒患之。乃求有莘［shēn 或 xīn］氏美女，□正义括地志云："古莘国城在同州河西县南二十里。世本云莘国，姒姓，夏禹之后，即散宜生等求有莘美女献纣者。"骊戎之文马，□正义括地志云："骊戎故城在雍州新丰县东南十六里，殷、周时骊戎国城也。"按：骏马赤鬣缟身，目如黄金，文王以献纣也。有熊九驷，□正义括地志云："郑州新郑县，本有熊氏之墟也。"按：九驷，三十六匹马也。他奇怪物，因殷嬖［bì，宠幸］臣费仲而献之纣。["文王以献纣"——作为战术甚或战略的贿赂：如此富有美德的一位君主——文王——从事的马基雅维里主义。]纣大说［悦］，曰：

◈ 战略审慎 ◈

"此一物足以释西伯，○索隐一物，谓有莘氏之美女也。以殷纣淫昏好色，故知然。况其多乎！"乃赦西伯，赐之弓矢斧钺［yuè，长柄重斧］，使西伯得征伐。[**本为潜在反叛者所不得的先进武器现在被用来交换腐败性的礼物或贿赂，特别是美女。一位盲目愚蠢的暴君并无战略警觉，不仅因为他贪婪，而且因为他的未来死敌施行战略性欺骗或麻痹。文王以及后来武王的根本对手商纣王的"非战略性"大大便利了他们的大战略进程。**]曰："谮西伯者，崇侯虎也。"西伯乃献洛西之地，以请纣去砲格［炮烙］之刑。[一个从人道和政治考虑两者出发的提议。道德行为可以极具政治性，在此场合为的是增进提议者的众望和影响——作为各族国中间的潜在领袖的众望和影响。]纣许之。

西伯阴行善［阴行善：一种审慎、安全和有效的政治战略；韬光养晦，持有伟大抱负和具体目的，并且从事勤勉和审慎的有目的的操作。宏伟的大战略目标大概已经相当自觉地（至少在政治领导的心目中）得到确立，同时相应的初期大战略——渐进式低风险准备——得到意识明确的积极使用。］，诸侯皆来决平［即求仲裁］。于是虞、芮之人〔正义括地志云："故虞城在陕州河北县东北五十里虞山之上，古虞国也。故芮城在芮城县西二十里，古芮国也。晋太康地记云虞西百四十里有芮城。"有狱不能决，乃如周。入界，耕者皆让畔，民俗皆让长。虞、芮之人未见西伯，皆惭，相谓曰："吾所争，周人所耻，何往为，祇取辱耳。"遂还，俱让而去。诸侯闻之，曰"西伯盖受命之君"。[**吸引力中心在权势和权威转移之前已经转移。政治胜利由此赢得，先于军事较量的胜利。政治文化和对外战略文化开始非常显著地具有"国际"吸引力。为具体方式尚系遥远模糊的决定性变革做积极明确的准备。在政治和外交战线的战略眼界和积极作为。**]

明年，伐犬戎。囗后汉书云"犬戎，槃瓠之后也"，今长沙武林之郡太半是也。又毛诗疏云"犬戎昆夷"是也。明年，伐密须。囗正义括地志云："阴密故城在泾州鹑觚县西；其东接县城，即古密国。"明年，败耆国。囗正义括地志云："故黎城，黎侯国也，在潞州黎城县东北十八里。尚书云'西伯既戡黎'是也。"[**既行使软权势，也行使硬权势；或者说，政治吸引和军事征伐都属必要，都被施行。"双重战略"。合适的大战略往往必须是类似的双重战略或多重战略。**] 殷之祖伊闻之，惧，以告帝纣。纣曰："不有天命乎？是何能为！"[**依靠盲信或声称的天命 vs. 依靠人类努力——决绝的和明智的努力。文王以及后来武王的根本对手的"非战略性"、盲目狂傲和如后所述极端腐败大大便利了他们的大战略进程。**] 明年，伐邘［yú］。囗正义括地志云："故邘城在怀州河内县西北二十七里，古邘国城也。"明年，伐崇侯虎。而作丰邑，囗正义括地志云："周丰宫，周文王宫也，在雍州鄠县东三十五里。镐在雍州西南三十二里。"自岐下而徙都丰〔"周人建都于镐"〕。明年，西伯崩〔**文王太好地完成了他的伟大"使命"：完全奠定一种大有特色的"民族"政治文化、一种政治大战略和一个潜在的真正新型的帝国，那有待他的后继者去实现。他奠定了一种辉煌的战略传统。**〕，集解徐广曰："文王九十七乃崩。"太子发立，是为武王。

史记世家第十一越王勾践世家摘录和评注

〔争取复兴的伟大实践和经久的艰苦努力；在为决定性时刻而作的战略准备方面极端谨慎；二十年里，毅力始终支配一切：〕句践之困会稽也，喟然叹曰："吾终于此乎？"种曰："汤系夏台，文王囚羑里，晋重耳饹翟〔狄〕，齐小白饹莒，其卒王霸。由是观之，何遽不为福乎？"〔**用恰好适合的史上"经典"英雄主义成功楷模鼓舞士气。有抱负者在几乎绝望无助之际要想或会想"他们能，为何我们一定不能？"**〕

吴既赦越，越王句践反〔返〕国，乃苦身焦思，置胆于坐，坐卧即仰胆，饮食亦尝胆也。曰："女〔汝〕忘会稽之耻邪？"身自耕作，夫人自织，食不加肉，衣不重采，折节下贤人，厚遇宾客，振贫吊死，◇集解徐广曰："吊，一作'葬'。"与百姓同其劳。〔**伟大的英雄，甚至不仅是战略上的，也是道德或精神上的，在马基雅维里式美德或英勇**

(*virtù*) 的意义上。他的钢铁意志和不像尊贵君主般的行为必定激励和鼓舞了他的人民。] 欲使范蠡治国政，蠡对曰："兵甲之事，种不如蠡；填〇索隐镇音。抚国家，亲附百姓，蠡不如种。"于是举国政属大夫种，而使范蠡与大夫柘稽〇索隐越大夫也。国语作"诸稽郢"。行成，为质于吴。**[忠诚、能干、聪慧和同志情谊：伟大君主之下的伟大臣僚。]** 二岁而吴归蠡。

句践自会稽归七年，拊循其士民，欲用以报吴。大夫逢同谏曰："国新流亡，今乃复殷给，缮饰备利，吴必惧，惧则难必至。且鸷鸟之击也，必匿其形。今夫吴兵加齐、晋，怨深于楚、越，名高天下，实害周室，德少而功多，必淫自矜。为越计，莫若结齐，亲楚，附晋，以厚吴。吴之志广，必轻战。是我连其权，三国伐之，越承其弊，可克也。"句践曰："善。"**[韬光养晦，同时"隐蔽地"大有作为，包括旨在联盟战争的国际联盟缔造。]**

居二年，吴王将伐齐。子胥谏曰："未可。臣闻句践食不重味，与百姓同苦乐。此人不死，必为国患。吴有越，腹心之疾，**[在其萌芽或早期状态中发现威胁和界定威胁：一种战略审慎和战略敏感。然而，在这么早的阶段，非常难以甚或不可能使绝大多数人信服这威胁的存在，而当他们变得信服时，往往已经为时过晚。政治困难差不多超过认知之难。]** 齐与吴，疥癣〇索隐疥音介㾺。也。

战略审慎

原［愿］王释齐先越。"吴王弗听，遂伐齐，败之艾陵，○索隐在鲁哀十一年（前484年）。虏齐高、国○索隐高昭子、国惠子。以归。[**糟糕的领导 vs. 优秀的领导：勾践近乎总是接受来自臣僚的明智意见，夫差却截然相反，部分地因为他的主要幕僚间分歧尖锐，莫衷一是**。] 让［指责］子胥。子胥曰："王毋喜！"王怒，子胥欲自杀，王闻而止之。越大夫种曰："臣观吴王政骄矣，请试尝之贷粟，以卜其事。"请贷，吴王欲与，子胥谏勿与，王遂与之，越乃私喜。[**战略审慎：在就政治行动做重大决定之前先做试验，如果有所需的时间的话**。] 子胥言曰："王不听谏，后三年吴其墟乎！"太宰嚭闻之，乃数与子胥争越议，因谗子胥曰："伍员貌忠而实忍人，其父兄不顾，安能顾王？王前欲伐齐，员彊［强］谏，已而有功，用是反怨王。王不（戒）备伍员，员必为乱。"与逢同共谋，谗之王。王始不从，乃使子胥于齐，闻其讬子于鲍氏，王乃大怒，曰："伍员果欺寡人！"役反，使人赐子胥属镂剑以自杀。子胥大笑曰："我令而［尔］父霸，○索隐而，汝也。父，阖庐也。我又立若，○索隐若亦汝也。若初欲分吴国半予我，我不受，已，今若反以谗诛我。嗟乎，嗟乎，一人固不能独立！"报使者曰："必取吾眼置吴东门，以观越兵入也！"[**伍子胥：战略上富有洞察力的臣僚，但性情暴躁，全不圆通，而且自恃正直，这些大概使他的劝告更难被一位得意洋洋、过**

度自信或愚蠢的君主接受。〕○索隐国语云吴王愠曰"孤不使大夫得见",乃盛以鸱夷,投之于江也。于是吴任嚭政。

居三年,句践召范蠡曰:"吴已杀子胥,导谀者众,可乎?"对曰:"未可。"〔**战略审慎,一次又一次地表现了出来。**〕

〔**决定性时刻和决绝果断的大举出击:**〕至明年〔前482年〕春,吴王北会诸侯于黄池,吴国精兵从王,惟独老弱与太子留守。句践复问范蠡,蠡曰"可矣"。〔**决定性机会终于被判断为到来,历经输掉战争和屈从胜者之后为时十二年的等待和力量秘密准备。**〕乃发习流二千人,○索隐虞书云"流宥五刑"。按:流放之罪人,使之习战,任为卒伍,故有二千人。□正义谓先惯习流利战阵死者二千人也。教士四万人,○索隐谓常所教练之兵也。故孔子曰"以不教民战,是谓弃之"是也。君子六千人,◇集解韦昭曰:"君子,王所亲近有志行者,犹吴所谓'贤良',齐所谓'士'也。"诸御千人,○索隐诸御谓诸理事之官在军有职掌者。伐吴。吴师败,遂杀吴太子。〔**经仔细准备的战略行动最有可能实现意欲的决胜。**〕吴告急于王,王方会诸侯于黄池,惧天下闻之,乃祕之。吴王已盟黄池,乃使人厚礼以请成越。越自度亦未能灭吴,乃与吴平。〔**战略上的自律自制和审慎,甚至在一个辉煌的胜利时刻。**〕

其后四年,越复伐吴。吴士民罢(疲)弊,轻锐尽死于齐、晋。而越大破吴，因而留围之三年，吴师败，越遂复栖吴王于姑苏之山［前473年］。吴王使公孙雄◇集解虞翻曰："吴大夫。"肉袒膝行而前，请成越王曰："孤臣夫差敢布腹心，异日尝得罪于会稽，夫差不敢逆命，得与君王成以归。今君王举玉趾而诛孤臣，孤臣惟命是听，意者亦欲如会稽之赦孤臣之罪乎？"句践不忍，欲许之。范蠡曰："会稽之事，天以越赐吴，吴不取。今天以吴赐越，越其可逆天乎？且夫君王蚤［早］朝晏罢，非为吴邪？谋之二十二年，一旦而弃之，可乎？且夫天与弗取，反受其咎。'伐柯者其则不远'，君忘会稽之厄乎？"［**范蠡：在最具决定性关头和拥有压倒性力量优势时的战略彻底性，不留有任何未来风险，绝除逆转的任何可能性。他刚经历完命运的一轮彻底逆转，因而更相信那很有可能。**］句践曰："吾欲听子言，吾不忍其使者。"范蠡乃鼓进兵，曰："王已属政于执事，◇集解虞翻曰："执事，蠡自谓也。"使者去，不者且得罪。"◇集解虞翻曰："我为子得罪。"○索隐虞翻注盖依国语之文，今望此文，谓使者宜速去，不且得罪于越，义亦通。吴使者泣而去。句践怜之，乃使人谓吴王曰："吾置王甬东，君百家。"◇集解杜预曰："甬东，会稽句章县东海中洲也。"○索隐国语云"与之夫妇三百"是也。吴王谢曰："吾老矣，不能事君王！"遂自杀。乃蔽其面，曰："吾无面以见子胥也！"越王乃葬吴王而诛太宰嚭。［**最终彻底胜利，经过二十二年与坚韧忍耐和积极准备相伴的巨**

大艰难。]……

史记列传第三十九刘敬叔孙通列传摘录和评注

[刘敬（娄敬）：一位出身卑微、姗姗来迟的地缘战略家，成功地建议汉帝国创始者刘邦（1）将帝国的政治/战略中心设于关中而非中原，（2）采取一套从历史性的赢弱地位出发对付强大的匈奴帝国的适当战略，即"外交防御"和"朝贡和平"。汉初两大战略性国策的首谋者。]

[一位从青萍之末突然浮现的地缘战略家，没有任何先前的功劳和声誉：] 刘敬〇索隐敬本姓娄，汉书作"娄敬"。高祖曰"娄即刘也"，因姓刘耳。者，齐人也。汉五年 [前202年，楚汉战争结束和刘邦称帝之年]，戍陇西，过洛阳，高帝在焉。娄敬脱挽 [挽] 辂 [车上供牵引用的横木]，衣其羊裘，见齐人虞将军曰："臣原 [愿] 见上言便事。"虞将军欲与 [予] 之鲜衣，〇索隐鲜衣，美服也。娄敬曰："臣衣帛，衣帛见；衣褐，衣褐见：终不敢易衣。" [他的自信！胸中有大国策，何用鲜衣？] 于是虞将军入言上。上召入见，赐食。

[汉都位置的战略性选择：] ……于是上曰："本言都秦地者娄敬，'娄'者乃'刘'也。"赐姓刘氏，拜为郎中，号为奉春君。〇索隐案：张晏云"春为岁之始，以其首谋都关

中，故号奉春君"。[伟大的统帅！一向"不拘一格降人才"。自己原是布衣，深懂这一点。]

[他透彻地洞察到匈奴的战略欺骗，因而劝阻高祖打算的冒险的大举进击。然而，这被怒而不慎且虚荣心强的"武夫皇帝"拒绝，结果是白登之围这致命的危机；他对战略反常的敏感和健全怀疑：]汉七年[前200年]，韩王信反，高帝自往击之。至晋阳，闻信与匈奴欲共击汉，上大怒，使人使匈奴。匈奴匿其壮士肥牛马，但见老弱及羸畜。使者十辈来，皆言匈奴可击。上使刘敬复往使匈奴，还报曰："两国相击，此宜夸矜见所长。◇集解韦昭曰："夸，张；矜，大也。"今臣往，徒见羸瘠○索隐瘠，瘦也。老弱，此必欲见短，伏奇兵以争利。愚以为匈奴不可击也。"是时汉兵已逾句注，□正义句注山在代州雁门县西北三十里。二十余万兵已业行。上怒，骂刘敬曰："齐虏！以口舌得官，今乃妄言沮吾军。"○索隐诗传曰"沮，止也，坏也"。械系敬广武。○索隐地理志县名，属雁门。□正义广武故县在句注山南也。[刘邦又一次展现"无赖式"行为和农民/武夫对"以口舌得官"者的鄙视！]遂往，至平城，匈奴果出奇兵围高帝白登，七日然后得解。高帝至广武，赦敬，曰："吾不用公言，以困平城。吾皆已斩前使十辈言可击者矣。"[同样又一次展现他的最伟大秉性之一，即极易自我批评，自我改正，特别是在他被证明错了的时候。]乃封敬二千户，为关内侯，

号为建信侯。

［旨在对付远为强大和大有侵略性的匈奴帝国的战略：他建议采取一种低成本的绥靖，即"外交防御"和"朝贡和平"，作为在中国历史性羸弱时期里对匈奴的大战略（虽然它对华夏民族和汉王朝来说是低成本的，但对皇帝私家而言并非如此）；作为对付游牧蛮夷的一种战略的"公主远嫁"；"国家理由"（raison d'etat）和战略实用主义：］高帝罢平城归，韩王信亡入胡。当是时，冒顿为单于，兵彊［强］，控弦三十万，数苦北边。上患之，问刘敬。刘敬曰："天下初定，士卒罢［疲惫］于兵，未可以武服也。冒顿杀父代立，妻群母，以力为威，未可以仁义说也。独可以计久远子孙为臣耳，然恐陛下不能为［**因为需要皇帝私家的重大牺牲**］。"上曰："诚可，何为不能！顾为奈何？"刘敬对曰："陛下诚能以適长公主妻之，厚奉遗之，彼知汉適女［鲁元公主］送厚，蛮夷必慕以为阏氏，生子必为太子。代单于。何者？贪汉重币。陛下以岁时汉所余彼所鲜数问遗［拿一年四季汉多余而匈奴少有的财物多次抚问赠送］，因使辩士风谕以礼节。冒顿在，固为子婿；死，则外孙为单于。岂尝闻外孙敢与大父抗礼者哉？兵可无战以渐臣也。［他必须夸大他主张的谋略的未来效果。他是一位战略推销员。］若陛下不能遣长公主，而令宗室及后宫诈称公主，彼亦知，不肯贵近，无益也。"［他那么精明和通晓人情，预知皇

家很可能搞"调包之计"。]高帝曰:"善。"欲遣长公主。吕后日夜泣,曰:"妾唯太子、一女,奈何弃之匈奴!"上竟不能遣长公主,而取家人子[宫婢]名为长公主,妻单于。使刘敬往结和亲约[高帝九年,前198年]。[**真的搞"调包之计"!"国家理由"与皇室私人情感之间的折衷;狡黠的中国农民愚弄被设想为头脑简单的关外"蛮夷"。**]

[**他的另一项重大的历史性建议:战略性移民,旨在加强帝国权力中心地区,主要是为了对匈奴的地缘战略防御:**]刘敬从匈奴来,因言"匈奴河南白羊、楼烦王,◇集解张晏云:"白羊,匈奴国名。"○索隐案:二者并在河南。河南者,案在朔方之河南,旧并匈奴地也,今亦谓之新秦中。去长安近者七百里,轻骑一日一夜可以至秦中。秦中新破,少民,地肥饶,可益实。……今陛下虽都关中,实少人。北近胡寇,东有六国之族,宗彊[强],一日有变,陛下亦未得高枕而卧也。臣原[愿]陛下徙齐诸田,楚昭、屈、景,燕、赵、韩、魏后,及豪桀[杰]名家居关中。无事,可以备胡;诸侯有变,亦足率以东伐。此彊[强]本弱末之术也"。上曰:"善。"乃使刘敬徙所言关中十余万口。

……………

太史公曰:……夫高祖起微细,定海内,谋计用兵,可谓尽之矣。然而刘敬脱鞔[挽]辂一说,建万世之安,智岂可专邪!……[**中国最早的"布衣皇帝",连同或许**

中国最早的"布衣战略家"之一:"帝王将相宁有种乎";"智岂可专耶"!]

三国志吴书十三陆逊传第十三摘录和评注

陆逊:

[一位近乎一流的战略天才和伟大国务家,不仅就三国史,而且或许就中华民族史而言皆如此。在与吕蒙一起取得出乎蜀汉意料的成就,即摧毁关羽和夺得非常战略性的荆州地区之后,他作为指挥将领赢得了夷陵之战——赤壁之战之外孙吴所曾赢过的两场最大战役之一,依凭他的非常杰出的积极防御和诱敌深入战略,还有那根底上的战略审慎。他由此歼灭入侵大军,从而拯救了他的国家和决定性地削弱了蜀汉。]

[此后,他作为孙吴广袤的前沿防御区的军政长官和君主的头号战略幕僚,以他的忠诚负责、均衡节制和反复表现的战略审慎,能干地履行了他的职责。]

[他开始自己作为一个重大的战区司令的伟大:与吕蒙一起摧毁关羽和夺得战略上非常重要的荆州地区,依凭他的间接战略和出敌不意(在主公孙权的"大战略马基雅维里主义"之下):]

◈ 战略审慎 ◈

[这开端首先大有赖于战区司令吕蒙和最高统帅孙权的关键素质"识才":]

吕蒙称疾诣建业,逊往见之,谓曰:"关羽接境,如何远下,后不当可忧也?"蒙曰:"诚如来言,然我病笃。"逊曰[**他提倡战略出敌不意,基于他对"战略心理"动能的透彻分析**]:"羽矜其骁气,陵轹于人。始有大功,意骄志逸,但务北进,未嫌于我,有相闻病,必益无备。今出其不意,自可禽(擒)制。下见至尊,宜好为计。"蒙曰:"羽素勇猛,既难为敌,且已据荆州,恩信大行,兼始有功,胆势益盛,未易图也。"[**吕蒙的这些话事实上鼓励了他的审慎和间接路线**]蒙至都,权问:"谁可代卿者?"蒙对曰:"陆逊意思深长,才堪负重,观其规虑,终可大任。而未有远名,非羽所忌,无复是过[意为(要找接替我的人)没有比他更合适的了]。若用之,当令外自韬隐,内察形便,然后可克。[**审慎、出敌不意和间接战略在此决策中被反复强调!**]"权乃召逊,拜偏将军右部督,代蒙。

逊至陆口[今湖北赤壁市陆水湖出长江口],书与羽曰[**他说的一切都是要鼓励他的意中敌人自满和对他的忽视,即搞旨在战略出敌不意的战略欺骗**]:"前承观衅而动,以律行师,小举大克,一何巍巍!……近以不敏,受任来西,延慕光尘,思禀良规。"又曰:"于禁等见获,遐迩欣叹，以为将军之勋足以长世，虽昔晋文城濮之师，淮阴拔赵之略，蔑以尚兹。闻徐晃等少骑驻旌，阙望麾葆［大旗与羽盖，借称统帅］。操猾虏也，忿不思难，恐潜增众，以逞其心。虽云师老，犹有骁悍。且战捷之后，常苦轻敌……原（愿）将军广为方计，以全独克。仆书生疏迟，忝所不堪，喜邻威德，乐自倾尽，虽未合策，犹可怀也。傥明注仰，有以察之。"羽览逊书有谦下自讬之意，意大安，无复所嫌。[**有效！对一个"意骄志逸，但务北进"的意中敌手。**]逊具启形状，陈其可禽（擒）之要。[**他，与吕蒙一起，现在成功地一步步攻击在荆州的敌人后方，与此同时关羽却远在对曹操兵力的征伐之中：**]权乃潜军而上，使逊与吕蒙为前部，至即克公安、南郡。逊径进，领宜都太守，拜抚边将军，封华亭侯。备宜都太守樊友委郡走，诸城长吏及蛮夷君长皆降。逊请金银铜印，以假授初附。是岁建安二十四年［219年］十一月也。

逊遣将军李异、谢旌等将三千人，攻蜀将詹晏、陈凤。异将水军，旌将步兵，断绝险要，即破晏等，生降得凤。又攻房陵太守邓辅、南乡太守郭睦，大破之。秭归大姓文布、邓凯等合夷兵数千人，首尾西方。逊复部旌讨破布、凯。布、凯脱走，蜀以为将。逊令人诱之，布帅众还降。前后斩获招纳，凡数万计。权以逊为右护军、镇西将军，进封娄侯。[**我们的史家在此奇怪地未叙述关羽的毁**

灭，后者已经丧失荆州，并被他料想不到的强敌包围。]①

[他懂得如何以一种有吸引力的方略巩固新近夺得的荆州：]时荆州士人新还，仕进或未得所，逊上疏曰："昔汉高受命，招延英异，光武中兴，群俊毕至，苟可以熙隆道教者，未必远近。今荆州始定，人物未达，臣愚惓惓，乞普加覆载抽拔之恩，令并获自进，然后四海延颈，思归大化。"权敬纳其言。

[他的最佳时分：作为指挥将领，他赢了夷陵之战——赤壁之战之外孙吴所曾赢过的两场最大战役之一，依凭他的非常杰出的积极防御和诱敌深入战略，还有那根底上的战略审慎；由此，他歼灭了刘备本人统率的蜀汉入侵大军，直接导致刘备在羞辱和心碎之中死去：]

黄武元年[222年]，刘备率大众来向西界，权命逊为大都督、假节，督朱然、潘璋、宋谦、韩当、徐盛、鲜于

---

① 《三国志·吴书·吴主传》载：二十四年[219年]，关羽围曹仁于襄阳，曹公遣左将军于禁救之。会汉水暴起，羽以舟兵尽虏禁等步骑三万送江陵，惟城未拔。权内惮羽，外欲以为己功，笺与曹公，乞以讨羽自效。曹公且欲使羽与权相持以斗之，驿传权书，使曹仁以弩射示羽。羽犹豫不能去。[关羽无法匹敌孙权的大军进攻，只能消极撤退甚至孤身逃遁，以至最终毁灭：]闰月，权征羽，先遣吕蒙袭公安，获将军士仁。蒙到南郡，南郡太守麋芳以城降。蒙据江陵，抚其老弱，释于禁之囚。陆逊别取宜都，获秭归、枝江、夷道，还屯夷陵，守峡口以备蜀。关羽还当阳，西保麦城。权使诱之。羽伪降，立幡旗为象人于城上，因遁走，兵皆解散，尚十余骑。权先使朱然、潘璋断其径路。十二月，璋司马马忠获羽及其子平、都督赵累等于章乡[今湖北当阳县北]，遂定荆州。

丹、孙桓等五万人拒之。备从巫峡、建平连围至夷陵界，立数十屯，以金锦爵赏诱动诸夷，使将军冯习为大督，张南为前部，辅匡、赵融、廖淳、傅肜等各为别督，先遣吴班将数千人于平地立营，欲以挑战。诸将皆欲击之，逊曰："此必有谲，且观之。"[**他总是有战略审慎和深思熟虑的耐心！**]吴书曰：诸将并欲迎击备，逊以为不可，曰："备举军东下，锐气始盛，且乘高守险，难可卒攻，攻之纵下，犹难尽克，若有不利，损我大势，非小故也。今但且奖厉（励）将士，广施方略，以观其变。若此间是平原旷野，当恐有颠沛交驰之忧，今缘山行军，势不得展，自当罢于木石之间，徐制其弊耳。"诸将不解，以为逊畏之，各怀愤恨。[**面对自己的同事而非外部敌人，战略审慎那么经常地需要政治勇气！**]备知其计不可，乃引伏兵八千，从谷中出。逊曰："所以不听诸君击班者，揣之必有巧故也。"逊上疏曰[**他大有战略自信，并且鼓励最高统帅也有**]："夷陵要害，国之关限，虽为易得，亦复易失。失之非徒损一郡之地，荆州可忧。……寻备前后行军，多败少成，推此论之，不足为戚。臣初嫌之，水陆俱进，今反舍船就步，处处结营，察其布置，必无他变。伏原（愿）至尊高枕，不以为念也。"诸将并曰："攻备当在初，今乃令入五六百里，相衔持经七八月，其诸要害皆以固守，击之必无利矣。"逊曰[**他的战略说服，旨在令下属们理解他旷日持久的、意欲销蚀敌方士气或根本力量**]

的"费边战略"]："备是猾虏，更尝事多，其军始集，思虑精专，未可干也。今住已久，不得我便，兵疲意沮，计不复生，掎角此寇，正在今日。"乃先攻一营，不利。诸将皆曰："空杀兵耳。"逊曰："吾已晓破之之术。"["**先攻一营，不利**"：一则为认识歼灭性攻击的恰当途径而搞的战术试验。**决定性摊牌，彻底的辉煌胜利：**]乃敕各持一把茅，以火攻拔之。一尔势成，逊率诸军同时俱攻，斩张南、冯习及胡王沙摩柯等首，破其四十余营。备将杜路、刘宁等穷逼请降。备升马鞍山，陈兵自绕。逊督促诸军四面蹙之，土崩瓦解，死者万数。备因夜遁，驿人自担，烧铙铠断后，仅得入白帝城。其舟船器械，水步军资，一时略尽，尸骸漂流，塞江而下。备大惭恚，曰："吾乃为逊所折辱，岂非天邪！"

[与平吴楚七国之乱时周勃不救梁孝王相似的一则故事；"引力中心"不容挪动哪怕一寸：]初，孙桓别讨备前锋于夷道，为备所围，求救于逊。逊曰："未可。"诸将曰："孙安东公族，见围已困，奈何不救？"逊曰："安东得士众心，城牢粮足，无可忧也。待吾计展，欲不救安东，安东自解。"及方略大施，备果奔溃。桓后见逊曰："前实怨不见救，定至今日，乃知调度自有方耳。"

[恰如埃利奥特·科恩（Eliot A. Cohen）在其《最高统帅》一书里讲的，一位成功的统帅的关键条件之一，是懂得如何对付不驯服的下属，后者经常拥有非同小可的权

势基础和独立意志：］当御备时，诸将军或是孙策时旧将，或公室贵戚，各自矜恃，不相听从。逊案剑曰："刘备天下知名，曹操所惮，今在境界，此强对也。诸君并荷国恩，当相辑睦，共翦此虏，上报所受，而不相顺，非所谓也。仆虽书生，受命主上。国家所以屈诸君使相承望者，以仆有尺寸可称，能忍辱负重故也。各在其事，岂复得辞！军令有常，不可犯矣。"［**政治说服加上严厉威慑**］。及至破备，计多出逊，诸将乃服。权闻之，曰："君何以初不启诸将违节度者邪？"逊对曰［**还有有远见的和善宽容**］："受恩深重，任过其才。又此诸将或任腹心，或堪爪牙，或是功臣，皆国家所当与共克定大事者。臣虽驽懦，窃慕相如、寇恂［光武帝麾下名将，为严明军纪曾将大将贾复手下的一个部将处死。贾复极为震怒。为避免冲突，寇恂决定不与贾复见面，并对其部下忍让服低］相下之义，以济国事。"权大笑称善，加拜逊辅国将军，领荆州牧，即改封江陵侯。

　　［**作为伟大的战略家，他知道在何处止步而不"滥用"他的胜利，因为他有全局视野；在成功巅峰时的（或不顾成功巅峰的）战略审慎：**］又备既住白帝，徐盛、潘璋、宋谦等各竞表言备必可禽（擒），乞复攻之。权以问逊，逊与朱然、骆统以为"曹丕大合士众，外托助国讨备，内实有奸心，谨决计辄还"。无几，魏军果出，三方受敌也。

[戴着他的历史性辉煌大胜的桂冠，他担任孙吴广袤的前沿防御区的军政长官和君主的头号战略幕僚，以他的忠诚负责、均衡节制和反复表现的战略审慎，能干地履行他的重大职责：]

备寻病亡，子禅袭位，诸葛亮秉政，与权连和。时事所宜，权辄令逊语亮，并刻权印，以置逊所。权每与禅、亮书，常过示逊，轻重可否，有所不安，便令改定，以印封行之。

[他，享有他的君主给予的充分信任和便宜行事权，辉煌地赢了另一场战役：]七年，权使鄱阳太守周鲂谲魏大司马曹休，休果举众入皖，乃召逊假黄钺，为大都督，逆休。休既觉知，耻见欺诱，自恃兵马精多，遂交战。逊自为中部，令朱桓、全琮为左右翼，三道俱进，果冲休伏兵，因驱走之，追亡逐北，径至夹石，斩获万余，牛马骡驴车乘万两（辆），军资器械略尽。休还，疽发背死。诸军振旅过武昌，权令左右以御盖覆逊，入出殿门，凡所赐逊，皆御物上珍，于时莫与为比。遣还西陵。

[他治理孙吴广袤的前沿防御区，且拥有在朝廷的巨大权威，从而多多显示了国务家才能：]黄龙元年［229年］，拜上大将军、右都护。是岁，权东巡建业，留太子、皇子及尚书九官，徵逊辅太子，并掌荆州及豫章三郡事，

董督军国。时建昌侯虑于堂前作斗鸭栏，颇施小巧，逊正色曰："君侯宜勤览经典以自新益，用此何为？"虑即时毁彻之。射声校尉松于公子中最亲，戏兵不整，逊对之髡其职吏。南阳谢景善刘廙［yì，汉末魏初名士，文帝曹丕侍中］先刑后礼之论，逊呵景曰［**他对经典儒家政治哲学有最佳理解**］："礼之长于刑久矣，廙以细辩而诡先圣之教，皆非也。君今侍东宫，宜遵仁义以彰德音，若彼之谈，不须讲也。"

以来逊虽身在外，乃心于国，上疏陈时事曰［**他提倡一种温和的治国方略，反对过于严苛的，目的是团结一切有用的人士，以成就国家最广大的事业**］："臣以为科法严峻，下犯者多。顷年以来，将吏罹罪，虽不慎可责，然天下未一，当图进取，小宜恩贷，以安下情。且世务日兴，良能为先，自非（不）奸秽入身，难忍之过，乞复显用，展其力效。此乃圣王忘过记功，以成王业。昔汉高舍陈平之愆，用其奇略，终建勋祚，功垂千载。夫峻法严刑，非帝王之隆业；有罚无恕，非怀远之弘规也。"

［**他诉诸战略审慎和保守主义，反对浪费的、远非必需的外围远征：**］权欲遣偏师取夷州［今台湾］及朱崖，皆以谘逊，逊上疏曰："臣愚以为四海未定，当须民力，以济时务。今兵兴历年，见众损减，陛下忧劳圣虑，忘寝与食，将远规夷州，以定大事，臣反覆思惟，未见其利，万

里袭取，风波难测，民易水土，必致疾疫，今驱见众，经涉不毛，欲益更损，欲利反害。又珠崖绝险，民犹禽兽，得其民不足济事，无其兵不足亏众。今江东见众，自足图事，但当畜力而后动耳。昔桓王创基，兵不一旅，而开大业。陛下承运，拓定江表。臣闻治乱讨逆，须兵为威，农桑衣食，民之本业，而干戈未戢，民有饥寒。臣愚以为宜育养士民，宽其租赋，众克在和，义以劝勇，则河渭可平，九有一统矣。"［**他完全懂得何处是大战略意义上的"引力中心"，连同如何在那里做最根本的努力。**］权遂征夷州，得不补失。［**后悔是拒绝他的谏劝的唯一结果！**］

［**再度诉诸战略审慎和保守主义，反复反对浪费的外围远征，反对"不忍小忿，而发雷霆之怒"：**］及公孙渊背盟，权欲往征，逊上疏曰："渊凭险恃固，拘留大使，名马不献，实可雠忿。蛮夷猾夏，未染王化，鸟窜荒裔，拒逆王师，至令陛下爱赫斯怒，欲劳万乘泛轻越海，不虑其危而涉不测。方今天下云扰，群雄虎争，英豪踊跃，张声大视。陛下以神武之姿，诞膺期运，破操乌林，败备西陵，禽（擒）羽荆州，斯三虏者当世雄杰，皆摧其锋。圣化所绥，万里草偃，方荡平华夏，总一大猷。今不忍小忿，而发雷霆之怒，违垂堂之戒，轻万乘之重，此臣之所惑也。［**他完全懂得何处是大战略意义上的"引力中心"：**］臣闻志行万里者，不中道而辍足；图四海者，匪怀

细以害大。强寇在境，荒服未庭，陛下乘桴远征……悔之无及。若使大事时捷，则渊不讨自服；今乃远惜辽东众之与马，奈何独欲捐江东万安之本业而不惜乎？乞息六师，以威大虏，早定中夏，垂耀将来。"权用纳焉。……

战略保守主义

汉书卷六十四上严朱吾丘主父徐严终王贾传
第三十四上摘录和评注

[《淮南王刘安谏伐闽越书》——一项很有价值的政治文献，战略保守主义的系统论辩，从战略（而非道德）视野指责"军事帝国主义"。]

建元三年［前138年］，闽越举兵围东瓯，① 东瓯告急于汉。时，武帝年未二十，以问太尉田蚡。蚡以为越人相攻

---

① 闽越与东瓯：《史记·东越列传》载：[**两个半"蛮夷"王国被大一统帝国取消，然后通过参加革命和"正确"一方的战争而得到恢复：**]闽越◇集解韦昭曰："东越之别名。"王无诸及越东海王摇者，其先皆越王句践之后也，姓驺氏。○索隐徐广云一作"骆"，是上云"欧骆"，不姓驺。秦已并天下，皆废为君长，以其地为闽中郡。○索隐案：为闽州。□正义今闽州又改为福也。及诸侯畔［叛］秦，无诸、摇率越归鄱阳令吴芮，所谓鄱君者也，从诸侯灭秦。当是之时，项籍主命，弗王，◇集解汉书音义曰："主号令诸侯，不王无诸、摇等。"以故不附楚。汉击项籍，无诸、摇率越人佐汉。汉五年［前202年］，复立无诸为闽越王，王闽中故地，都东冶。孝惠三年［前192年］，举高帝时越功，曰闽君摇功多，其民便附，乃立摇为东海王，◇集解应劭曰："在吴郡东南滨海云。"都东瓯，◇集解徐广曰："今之永宁也。"世俗号为东瓯王。

击,其常事,又数反复,不足烦中国往救也,自秦时弃不属。于是(严)助［时为丞相］［他,作为与初即位的武帝过往密切的近臣,可能更知道这位年轻君主非常蓬勃的性格,连同憧憬一个扩张着的真正帝国的抱负］诘蚡曰:"特患力不能救,德不能覆,诚能,何故弃之?且秦举咸阳而弃之,何但越也!今小国以穷困来告急,天子不振,尚安所诉,又何以子万国乎?［他诉诸"帝国责任",同时没有忘记基于帝国能力的可行性问题。］"上曰:"太尉不足与计。吾新即位,不欲出虎符发兵郡国。"乃遣助以节发兵会稽。会稽守欲距［拒］法,不为发。助乃斩一司马,谕意指,遂发兵浮海救东瓯。未至,闽越引兵罢。［他克服了宫廷里和地方上的"战略保守派",也暂时吓跑了闽越"半蛮夷"。］

［《淮南王刘安谏伐闽越书》的直接缘起与其全文:］后三岁［前135年］,闽越复兴兵击南越。南越守天子约,不敢擅发兵,而上书以闻。上多其义,大为发兴,遣两将军将兵诛闽越。淮南王(刘)安上书谏曰［**战略保守主义的一项系统论辩,出自一位具有代表性的大贵族,面对一位嵌有"激进"扩张主义的精力蓬勃的皇帝;从战略(而非道德)视野谴责"军事帝国主义"**］:

恤陛下临天下,布德施惠,缓刑罚,薄赋敛,哀鳏寡，恤孤独，养耆老，振匮乏，盛德上隆，和泽下洽，近者亲附，远者怀德，天下摄然，人安其生，自以没身不见兵革。今闻有司举兵将以诛越，臣安窃为陛下重之。[**他或许预感到一种很可能的急剧变更，那就是过去自高祖往后约七十年的政治/战略文化和基本国策或会幡然改变。**]越，方外之地，劗［zuān，同"剪"或"割"］发文身之民也。不可以冠带之国法度理也。自三代之盛，胡越不与受正朔，非强弗能服，威弗能制也，以为不居之地，不牧之民，不足以烦中国也。[**一种战略保守主义：估算成本效益，这成本效益与自我宣称的优越密切相关，由对"不居之地、不牧之民"的忽视涵盖。**]故古者封内甸服，封外侯服，侯卫宾服，蛮夷要服，戎狄荒服，远近势异也。①

---

① 服，服事天子之意。"五服"说最早见《尚书·禹贡》：五百里甸服：百里赋纳总，二百里纳铚，三百里纳秸，服四百里粟，五百里米。五百里侯服：百里采，二百里男邦，三百里诸侯。五百里绥服：三百里揆文教，二百里奋武卫。五百里要服：三百里夷，二百里蔡。五百里荒服：三百里蛮，二百里流。从畿服重地到藩属下国逐层管理，兼举文教武卫，声教讫于蛮荒。

这段话的大意是：王四周各五百里的区域，叫作甸服：其中最靠近王城的一百里地区缴纳带藁秸的谷物，其外一百里的区域缴纳禾穗，再往外一百里的区域缴纳去掉藁芒的禾穗，再往外一百里的区域缴纳带壳的谷子，最远的一百里缴纳无壳的米。甸服以外各五百里的区域叫侯服：其中最靠近甸服的一百里是封王朝卿大夫的地方，其次的百里是封男爵的领域。其余三百里是封大国诸侯的领域。侯服以外各五百里的区域是绥服：其中靠近侯服的三百里，斟酌人民的情形来施行文教。其余二百里则振兴武力以显示保卫力量。绥服以外各五百里是要服：其中靠近绥服的三百里是夷人们住的地方，其余二百里是流放罪人的地方。要服以外各五百里是荒服：其中靠近要服的三百里是蛮荒地带，其余二百里也是流放罪人的地方。"五服"，http://baike.baidu.com/view/94895.htm。[**一种自命的、中外历史上常见的"帝国"，除宗主核心部分与其近缘外，实际和自命的名义上的控制甚而联系极为松散，并且随着核心部分的距离而逐步递减（"远近势异"）。华夏帝国的千年传统之一，其"天下"概念的具体要义之一。**]

自汉初定已来七十二年，吴越人相攻击者不可胜数，然天子未尝举兵而入其地也。[**传统是保守主义的最重要盟友，而且往往是其论说的头号基础。**]

臣闻越非有城郭邑里也，处溪谷之间，篁竹之中，习于水斗，便于用舟，地深昧而多水险，中国之人不知其势阻而入其地，虽百不当其一。得其地，不可郡县也；攻之，不可暴取也。以地图察其山川要塞，相去不过寸数，而间独数百千里，阻险林丛弗能尽著。视之若易，行之甚难。[**当心："诛越"将是一桩成本效益极为负面的事业！**]天下赖宗庙之灵，方内大宁，戴白之老不见兵革，民得夫妇相守，父子相保，陛下之德也[**当心：不要葬送随多个世纪中国的暴烈战争而来的宝贵的七十年帝国和平！**]。越人名为藩臣，贡酎之奉，不输大内，一卒之用，不给上事。自相攻击而陛下发兵救之，是反以中国而劳蛮夷也。且越人愚戆轻薄，负约反复，其不用天子之法度，非一日之积也。一不奉诏，举兵诛之，臣恐后兵革无时得息也。

间者，数年岁比不登，民待卖爵赘子以接衣食，赖陛下德泽振救之，得毋转死沟壑。四年不登，五年复蝗，民生未复。今发兵行数千里，资衣粮，入越地，舆轿而逾领[岭]，拖舟而入水，行数百千里，夹以深林丛竹，水道上下击石，林中多蝮蛇猛兽，夏月暑时，呕泄霍乱之病相随属也，曾未施兵接刃，死伤者必众矣。
[**当心：那将是一场无谓的军事梦魇！就此晚近的历史证据：**]前时南海王①反，陛下先臣［淮南王刘长］使将军间忌将兵击之，以其军降，处之上淦。后复反，会天暑多雨，楼船卒水居击棹，未战而疾死者过半。亲老涕泣，孤子啼号，破家散业，迎尸千里之外，裹骸骨而归。悲哀之气数年不息，长老至今以为记。曾未入其地而祸已至此矣。

臣闻军旅之后必有凶年，言民之各以其愁苦之气薄阴阳之和，感天地之精，而灾气为之生也。陛下德配天地，明象日月，恩至禽兽，泽及草木，一人有饥寒不终其天年而死者，为之凄怆于心。今方内无狗吠之警，而使陛下甲卒死亡，暴露中原，沾渍山谷，边境之民为之早闭晏开，鼂［晁，朝］不及夕［朝不保夕之意］，臣安窃为陛下重之。
[**为论辩，甚至拿出了新近成为官方意识形态成分的天人**

---

① 《汉书·高帝纪》载，刘邦于高祖十二年［前195年］二月［即他去世前两个月］诏曰："南武侯织，亦粤之世也。立以为南海王。"这"南海国"的版图在当时的南越国和闽越国之间，即今潮州、梅州、汀州、赣州之间。其中心在南武侯故封地，即今之武平县。

刘邦论功分封异姓王国时，在秦时的闽中郡范围内封了原闽越王无诸为闽越王［前202年］，之后又封了今浙江一带的东瓯王摇，"复以摇为越王，以奉越后"（皆见《史记·东越列传》）。这是对闽越国的一种分土分权和制约。高祖十二年，刘邦将南越王地的一部分和闽越国的一部分分封南武侯织。用此策略制约和分散南越王与闽越王的势力。闽越、东瓯和南海三王国均属越人贵族统治的地方诸侯王国，同文同种，故司马迁在《史记》内统称其为东越。

感应神秘主义，以支持全无神秘意味的战略保守主义。]

[这位战略保守派和"反帝国主义者"一遍又一遍地强调，用武力征服一个在陌生环境中的陌生人民大有风险，代价高昂，且毫无裨益，毫无意义：]不习南方地形者，多以越为人众兵强，能难[作难]边城。淮南全国之时，多为边吏，臣窃闻之，与中国异。限以高山，人迹所绝，车道不通，天地所以隔外内也。其入中国必下领[岭]水[岭水：指建昌之四望岭、杉岭水出盱江者（郭嵩焘说）]，领[岭]水之山峭峻，漂石破舟，不可以大船载食粮下也。越人欲为变，必先田余干界中，积食粮，乃入伐材治船。边城守候诚谨，越人有入伐材者，辄收捕，焚其积聚，虽百越，奈边城何！且越人绵力薄材，不能陆战，又无车骑弓弩之用，然而不可入者，以保地险，而中国之人不能其水土也。臣闻越甲卒不下数十万，所以入之，五倍乃足，挽车奉饷者，不在其中。南方暑湿，近夏瘅热，暴露水居，蝮蛇蠚[hē，原意为毒虫蜇人]生，疾疠多作，兵未血刃而病死者什二三，虽举越国而虏之，不足以偿所亡。

[极成问题的不是征服（仅仅名义上的征服）本身，而是用大军征服。小布什在发动对伊拉克和阿富汗的大军征服以前应当读一读这个文献：]臣闻道路言，闽越王弟甲[弟甲：犹弟某，不知其名]弑而杀之，甲以诛死，其民未有所属。……若陛下无所用之，则继其绝世，存其亡国，建其

王侯，以为畜越，此必委质为藩臣，世共［供］贡职。陛下以方寸之印，丈二之组［印之绶］，填抚方外，不劳一卒，不顿一戟，而威德并行。今以兵入其地，此必震恐，以有司为欲屠灭之也，必雉兔逃入山林险阻。背而去之，则复相群聚；留而守之，历岁经年，则士卒罢倦，食粮乏绝，男子不得耕稼树种，妇人不得纺绩织纴，丁壮从军，老弱转饷，居者无食，行者无粮。民苦兵事，亡逃者必众，随而诛之，不可胜尽，盗贼必起。

［"兵者凶事""用兵不可不重也"：］臣闻长老言，秦之时尝使尉屠睢［suī］击越，又使监禄［监郡御史，名禄］凿渠通道。越人逃入深山林丛，不可得攻。留军屯守空地，旷日引久［持久］，士卒劳倦，越出击之。秦兵大破，乃发適［谪 zhé］戍［罚以戍边的罪人］以备之。当此之时，外内骚动，百姓靡敝，行者不还，往者莫反［返］，皆不聊生，亡逃相从，群为盗贼，于是山东之难始兴。此老子所谓"师之所处，荆棘生之"者也。兵者凶事，一方有急，四面皆从。臣恐变故之生，奸邪之作，由此始也。《周易》曰："高宗伐鬼方，三年而克之。"鬼方，小蛮夷；高宗，殷之盛天子也。以盛天子伐小蛮夷，三年而后克，言用兵之不可不重也。

［战略保守主义完全契合关于"天下"和华夏与远方蛮夷关系的儒家意识形态，后者给了他的论辩一种基本的

政治/道德哲学色彩，同时在战略（成本效益之道）上极为合算（不"烦汗马之劳"）：]臣闻天子之兵有征而无战，言莫敢校也［没有人敢于较量。伐罪而吊其民（慰问受苦的人民），故言"莫敢校"（王先谦说）］。……陛下以四海为境，九州为家，八薮为囿，江汉为池，生民之属皆为臣妾。人徒之众足以奉千官之共［供］，租税之收足以给乘舆之御。玩心神明，秉执圣道，……南面而听断，号令天下，四海之内莫不向应。陛下垂德惠以覆露之，使元元之民安生乐业，则泽被万世，传之子孙，施之无穷。天下之安犹泰山而四维［维：联系］之也，夷狄之地何足以为一日之闲，而烦汗马之劳乎！《诗》云"王犹允塞，徐方既来"［见《诗经·大雅·常武》。猷：谋也。允：信也。塞：实也，谓成为现实。徐方：古族名。东夷之一］，言王道甚大，而远方怀之也。……臣安窃恐将吏之以十万之师为一使之任也！

是时，汉兵遂出，未逾领［岭］，适会闽越王弟余善杀王以降。汉兵罢。上嘉淮南之意，美将卒之功，乃令严助谕意风指［讽旨］于南越。南越王顿首曰："天子乃幸兴兵诛闽越，死无以报！"即遣太子随助入侍。……[**偶然降临的幸运几乎全免了"汗马之劳"甚而军事灾难。结果除倒霉鬼闽越王外，皆大欢喜！**]

汉书卷六十四下严朱吾丘主父徐严终王贾传第三十四下摘录和评注

[贾捐之：天才贾谊的曾孙，谏言反对汉元帝（前48—前33年在位）对在被征服的海南岛反复不已的地方造反作大规模武力镇压，此即《贾捐之论弃珠厓》——中国传统史上战略保守主义的经典文献之一。]

贾捐之字君房，贾谊之曾孙也。元帝初即位，上疏言得失，召待诏金马门。

初，武帝征南越，元封元年［前110年］立儋［dān］耳、珠厓［崖］郡，皆在南方海中洲［今海南岛］居，广袤可千里，合十六县，户二万三千余。[珠崖：一个被征服但极难被驯服的"边疆蛮夷地区"，"数年一反"；汉帝国的大头痛处:]其民暴恶，自以阻绝，数犯吏禁，吏亦酷之，率数年一反，杀吏，汉辄发兵击定之。自初为郡至昭帝始元元年［前87年］，二十余年间，凡六反叛。至其五年，罢儋耳郡并属珠厓。至宣帝神爵三年［前59年］，珠厓三县复反。反后七年，甘露元年［前53年］，九县反，辄发兵击定之。元帝初元元年［前48年］，珠厓又反，发兵击之。诸县更叛，连年不定。上与有司议大发军,捐之建议,以为不当击。上使侍中驸马都尉乐昌侯王商诘问捐之曰:"珠厓内属为郡久矣,今背畔［叛］逆节,而云不当击,长蛮夷之乱,亏先帝功德,经义何以处之?"捐之对曰:

[**他谏言反对大规模武力镇压反复不已的珠崖地方造反:**]臣幸得遭明盛之朝,蒙危言之策,无忌讳之患,敢昧死竭卷卷［拳拳］。

臣闻尧舜,圣之盛也,……以三圣之德,地方不过数千里,西被流沙,东渐于海,朔［北方］南［南方］暨［及］声教,迄于四海,欲与声教则治之,不欲与者不彊［强］治也[**"初始"儒家(和前儒家)关于"华夏—蛮夷关系"的思想的要则之一。它有蕴涵的战略理由**]。故君臣歌德［王先谦曰:"帝庸作歌,皋陶载赓。此所谓'君臣歌德'。"按"帝庸作歌"云云,见《尚书·益稷》］,含气之物各德［得］其宜。武丁、成王,殷、周之大仁也,然地东不过江、黄,西不过氐、羌,南不过蛮荆,北不过朔方。是以颂声并作,视听之类咸乐其生,越裳氏重九译而献［越裳氏:即南越。重九译:谓远方使者来,因九译言语乃通］,此非兵革之所能致。及其衰也,南征不还［指周昭王南征不复］,齐桓捄［救］其难［齐桓公伐楚以尊周(王先谦说)］,孔子定其文［孔子作《春秋》,夷狄之国虽大,自称王者,皆贬为"子"］。[**秦帝国的可怕教训,即被认为的过度的军**

事帝国主义：]以至乎秦，兴兵远攻，贪外虚内，务欲广地，不虑其害。然地南不过闽越，北不过太原，而天下溃畔［叛］，祸卒在于二世之末，长城之歌至今未绝。[沈钦韩曰："《河水注》引扬泉《物理论》曰：'秦筑长城，死者相属。民歌曰："生男慎勿举［举：养育］，生女哺［喂食］用脯［（男人的）干肉］。不见长城下，列骸相支柱。"]

[**汉帝国的"现代"历史教训，既有积极的，亦有消极的：**]赖圣汉初兴，为百姓请命，平定天下。至孝文皇帝，闵［悯］中国未安，偃武行文，则断狱数百，民赋四十，丁男三年而一事［如淳曰："常赋岁百二十，岁一事。时……出赋四十，三岁而一事。"]。时有献千里马者，诏曰："鸾旗［鸾旗车，汉帝车之前驱］在前，属车在后，吉行日五十里，师行［三］十里，朕乘千里之马，独先安之［安之：言何去］？"于是还马，与道里费，而下诏曰："朕不受献也，其令四方毋求来献。"当此之时，逸游之乐绝，奇丽之赂塞，郑、卫之倡微矣。夫后［宫］盛色则贤者隐处，佞人用事则诤臣杜口，而文帝不行，故谥为孝文，庙称太宗。[**初汉压倒性地集中于靠最低程度赋税、"偃武行文"和皇家节约促进经济恢复和"发展"，由此奠定了军事力量的经济/财政基础。然而，这两者后来都被武帝的全方位大规模远征和扩张耗费殆尽：**]至孝武皇帝元狩六年［前117年］，太仓之粟红腐而不可食，都内之

钱贯朽而不可［校］［此时汉已经多次征伐匈奴，人力物力损失很大，以至府库空虚，岂有"太仓之粟红腐而不可食"之事？故刘奉世疑曰："或者误以'建元'为'元狩'欤？"］。乃探平城之事，录冒顿以来数为边害，籍兵历马，因富民［取资富民，以供军费］以攘服之。西连诸国至于安息，东过碣石以玄菟、乐浪为郡，［北］却匈奴万里，更起营塞，制南海以为八郡［当为九郡］，则天下断狱万数，民赋数百，造盐、铁、酒榷之利以佐用度，犹不能足。**[武帝军事帝国主义的严重社会后果和政治后果：]** 当此之时，寇贼并起，军旅数发，父战死于前，子斗伤于后，女子乘亭障，孤儿号于道，老母寡妇饮泣巷哭，遥设虚祭，想魂乎万里之外。淮南王盗写虎符，阴聘名士，关东公孙勇等诈为使者［陈直云："公孙勇作为使者，在武帝征和三年，见本书《功臣表》及《田广明传》，与淮南王安时代不接，恐为捐之之误记。"］，是皆廓［扩］地泰［太］大，征伐不休之故也。**[帝国过度伸展系自招危机，自招失败。]**

[为呼吁放弃极南端"无价值"的"蛮夷地区"而诉诸帝国腹心地区的社会稳定和繁荣——他对元帝最有说服力的论点：] 今天下独有关东，关东大者独有齐、楚，民众久困，连年流离，离其城郭，相枕席［枕藉，纵横相枕而卧］于道路。人情莫亲父母，莫乐夫妇，至嫁妻卖子，法不能禁，义不能止，此社稷之忧也。今陛下不忍悁悁［yuānyuān,

忿怒貌］之忿，欲驱士众挤［排挤］之［至］大海之中，快心幽冥之地，非所以救助饥馑，保全元元也。……骆越之人父子同川而浴，相习以鼻饮，与禽兽无异，本不足郡县置也。颛颛［同"专专"，蠢蒙无知貌］独居一海之中，雾露气湿，多毒草虫蛇水土之害，人未见虏，战士自死，又非独珠厓有珠犀玳瑁也，弃之不足惜，不击不损威。其民譬犹鱼鳖，何足贪也！［**广义的成本效益估量支配的战略论辩和战略判断。对"蛮夷"的种族/文化歧视远非他的核心论据**。］

臣窃以往者羌军言之［指宣帝神爵元年（前61年）羌反之事，是时遣赵充国等击西羌，获万余人］，暴师曾未一年，兵出不逾千里，费四十余万万，大司农钱尽，乃以少府禁钱续之。夫一隅为不善，费尚如此，况于劳师远攻，亡士毋功乎！[**帝国大军远程征伐是一桩花费极大的事业！**]求之往古则不合，施之当今又不便。臣愚以为非冠带之国，《禹贡》所及，《春秋》所治，皆可且无以为。[**对周边及其外的未化或不化"蛮夷"的征服和统治并无益处，而且自招失败。这一论点符合儒家的帝国哲学和信条**。]。愿遂弃珠厓，专用恤关东为忧。

对奏，上以问丞相御史。御史大夫陈万年以为当击；丞相于定国以为："前日兴兵击之连年，护军都尉、校尉及丞凡十一人，还者二人，卒士及转输死者万人以上，费用三万万余，尚未能尽降。今关东困乏，民难摇动，捐之议是。"上乃从之。[**他的论辩赢了。武力镇压的巨大成本——它伤害在腹心地区的统治——和甚少把握的成功希望是决定因素。**]遂下诏曰："珠厓虏杀吏民，背畔［叛］为逆，今廷议者或言可击，或言可守，或欲弃之，其指各殊。朕日夜惟思议者之言，羞威不行，则欲诛之；狐疑辟［避］难，则守屯田；通于时变，则忧万民。夫万民之饥饿，与远蛮之不讨，危孰大焉？[**战略轻重缓急次序终于合理分明。**]且宗庙之祭，凶年不备，况乎辟［避］不嫌［不足羞之意］之辱哉！今关东大困，仓库空虚，无以相赡，又以动兵，非特劳民，凶年随之。其罢珠厓郡。[**君主做出了一个战略选择：选择在紧要利益意义上的实质，尽管丧失了某些声誉和虚荣。**]民有慕义欲内属，便处之；不欲，勿彊［强］。"珠厓由是罢。……

汉书卷九十六上西域传第六十六上摘录和评注

[西汉成帝时儒士杜钦劝绝而不通罽宾，并论圣王制五服"务盛内不求外"]

[罽宾国：远西的一个独立的大国，或许甚至是有其自己的附庸的微型帝国：]

罽〔jì〕宾国，王治循鲜城〔在今克什米尔地区斯利那加东〕，去长安万二千二百里。不属都护。户口胜兵多，大国也。……

〔汉帝国与罽宾国之间复杂易变的关系：从武帝到元帝：〕

自武帝始通罽宾，自以绝远，汉兵不能至，其王乌头劳数剽杀汉使。〔**帝国历来有其限度，其中地理上的距离一向是主要限度之一**。〕乌头劳死，子代立，遣使奉献。汉使关都尉文忠送其使。〔**礼物被双方讲成是贡物：在华夏帝国方面出于阿Q精神和宣传策略，在罽宾方面则如后所述出于旨在商业好处的实用主义**。〕王复欲害忠，忠觉之，乃与容屈王子阴末赴共合谋，攻罽宾，杀其王，立阴末赴为罽宾王，授印绶。〔华夏使节（出于他自己的擅权？）与其当地协同者搞的一场政变和弑君，而后树立一名附庸。然而，效果非常短暂：〕后军候赵德使罽宾，与阴末赴相失，阴末赴锁〔铁锁，其上省一"以"字〕琅当（锒铛）德，杀副已（以）下七十余人，遣使者上书谢〔谢罪〕。孝元帝以绝域不录，放其使者于县度（悬渡）[4]，绝而不通。〔讲求实际！与他那暴烈地施行扩张主义的曾祖父大不相同。〕

〔杜钦劝绝而不通罽宾，并论圣王制五服"务盛内不求外"：〕

成帝时，复遣使献谢罪，汉欲遣使者报送其使，杜钦[一位非常明智和大有风度的儒士，给成帝之下最有权势的人物提供过许多建议和谏言]说大将军王凤曰[他现在规劝不接触（non-engagement），因为那远西蛮夷对华夏帝国无意义或不相干]："前罽宾王阴末赴本汉所立，后卒畔（叛）逆。夫德莫大于有国子民，罪莫大于执杀使者，所以不报恩，不惧诛者，自知绝远，兵不至也。有求则卑辞，无欲则骄（骄）嫚[yuān][即傲慢]，终不可怀服。凡中国所以通厚蛮夷，慊快[满足]其求者，为壤比而为寇也。[此乃对"蛮夷"的华夏帝国外交的部分而非全部目的。]今县度（悬渡）之厄，非罽宾所能越也。其乡（向）慕，不足以安西域，虽不附，不能危城郭。前亲逆节，恶暴西城，故绝而不通；今悔过来，而无亲属贵人，奉献者皆行贾贱人，欲通货市买，以献为名[礼物被讲成是贡物：罽宾方面旨在商业好处的实用主义]，故烦使者送至县度（悬渡），恐失实见欺。……圣王分九州，制五服[所谓侯服、甸服、绥服、要服、荒服]，务盛内，不求外。["务盛内，不求外"：一般情况下传统（前儒家和儒家形态的）华夏帝国的最大"战略秘诀"！]今遣使者承至尊之命，送蛮夷之贾，劳吏士之众，涉危难之路，罢（疲）弊所恃以事无用，非久长计也。使者业已受节，可至皮山[西域国名，治所在今新疆和田地区皮山县]而还。"于是凤白从钦言。……

后汉书卷二十五卓鲁魏刘列传第十五摘录和评注

［东汉和帝初期中央儒士官僚鲁恭谏显赫权臣窦宪对北匈奴发动未经挑衅的远征；战略保守主义的三项论据。］

［鲁恭，一位非常有学问的儒士和非常能干的地方行政长官，被提拔到中央，而且步步晋升，只经历了一次曲折。他在朝廷为官经历的最大特征在于正直直言，特别是上疏抨击头号外戚、显赫权臣窦宪对已被大大削弱了的北匈奴的远征——未经挑衅的和侵略性的远征：］

……后拜侍御史。和帝初立［**当时这位东汉皇帝是个孩儿，窦太后与其兄长窦宪的傀儡**］，议遣车骑将军窦宪与征西将军耿秉击匈奴，恭上疏谏曰：

陛下……忧在军役，诚欲以安定北垂，为人除患……臣伏独思之，未见其便。社稷之计，万人之命，在于一举。［**凋敝的全国经济是他要求维持和平、反对武力冒险的首项论据：**］数年以来，秋稼不熟，人食不足，仓库空虚，国无畜积。……今乃以盛春之月，兴发军役，扰动天下，以事戎夷，诚非所以垂恩中国，改元正时，由内及外也。

　　[国民的福祉是他的第二项论据:]万民者,天之所生。天爱其所生,犹父母爱其子。一物有不得其所者,则天气为之桀错,况于人乎?故爱人者必有天报。昔太王重人命而去邠(豳),故获上天之祐。[古老的华夏保守传统是他的第三项论据,这部分地基于"蛮夷"在种族和道德上低劣这一偏狭的儒家观念:]夫戎狄者,四方之异气也。蹲夷[踞坐,坐时两脚底和臀部着地,两膝上耸,被认为是野蛮无礼的举动]踞肆[傲慢,放肆无礼],与鸟兽无别。若杂居中国,则错乱天气,污辱善人,是以圣王之制,羁縻不绝而已。

　　[他的下面一句符合最本质的儒家和道家信念,对中国的治国方略而言真正饶有意义:]今边境无事,宜当修仁行义,尚于无为,令家给人足,安业乐产。夫人道乂[yì,治理,安定]于下,则阴阳和于上,祥风时雨,覆被远方,夷狄重译[辗转翻译]而至矣。……夫以德胜人者昌,以力胜人者亡。[当时来自北匈奴的实际威胁的具体情势,连同如果发动远征就将有的高昂的战场代价,构成他的第四项论据,那与第一项一样讲求实际和雄辩有力:]今匈奴为鲜卑所杀,远臧(藏)于史侯河[在漠北]西,去塞数千里,而欲乘其虚耗,利其微弱,是非义之所出也。前太仆祭肜[róng]远出塞外,卒不见一胡

而兵已困矣。^① 白山［即天山］之难，不绝如缀，都护陷没，士卒死者如积，迄今被其辜毒。［言窦固与祭肜同年伐北匈奴，窦固进至天山之艰危。］孤寡哀思之心未弭，仁者念之，以为累息，奈何复欲袭其迹，不顾患难乎？[**回到第一项论据，但按照更具体、更直接的后勤方式：**]今始征发，而大司农调度不足，使者在道，分部督趣，上下相迫，民间之急亦已甚矣。三辅、并、凉少雨，麦根枯焦，牛死日甚，此其不合天心之效也。[**他的总结言辞变得更尖锐，甚至对太后摄政政权表示愤怒：**]群僚百姓，咸曰不可，陛下独奈何以一人之计，弃万人之命，不恤其言乎？……臣恐中国不为中国，岂徒匈奴而已哉！惟陛下留圣恩，休罢士卒，以顺天心。

书奏，不从。

三国志吴书八张严程阚薛传第八摘录和评注

[东吴著名的学问儒士和文人薛综给出了这篇多人列传当中最有趣味的部分：(1) 上疏孙权，概览了起始往后

---

① 《后汉书·铫期王霸祭遵列传》载：（永平）十六年［公元73年］，（明帝）使肜以太仆将万余骑与南单于左贤王信伐北匈奴，期至涿邪山［在今蒙古国境内满达勒戈壁附近一带］。信初有嫌于肜，行出高阙塞［在内蒙古巴彦淖尔市杭锦后旗西北有一缺口，状如门阙，古有此名］九百余里，得小山，乃妄言以为涿邪山。肜到不见房而还，坐逗留畏懦下狱免。肜性沉毅内重，自恨见诈无功，出狱数日，欧（呕）血死。……

华夏政权对族裔上主要是"蛮夷"的交州区域的治理，显示了一个特殊文明的"官方"（或帝国）扩张遭受的种种困难；（2）谏言孙权，反对无谓的对辽东公孙渊的超远程征伐，基于正确的成本效益分析和斥责激情驱动的对外冒险的清醒理性。］

［一名学问儒士，作为"帝国"区域行政当官和武力征服者：］

薛综字敬文，沛郡竹邑［今安徽淮北市濉（suī）溪县］人也。吴录曰：……自国［齐孟尝君之孙］至综，世典州郡，为著姓。综少明经，善属文，有秀才。少依族人避地交州，从刘熙［著名经学家、训诂学家］学。士燮既附孙权，召综为五官中郎（将），除合浦、交阯太守。**［作为武力征服者的一名学问儒士：］**时交土始开，刺吏吕岱率师讨伐，综与俱行，越海南征，及到九真［位于今越南中部］。事毕还都，守谒者仆射。……

［历史地说他最有趣味的上疏，概览了起始往后华夏政权对族裔上主要是蛮夷的交州区域的治理，显示了一个特殊文明的"官方"（或帝国）扩张遭受的种种困难：］

吕岱从交州召出［231年］，综惧继岱者非其人，上疏曰："昔帝舜南巡，卒于苍梧。秦置桂林、南海、象郡，然则［既然如此，那么……］四国之内属也，有自来矣。赵佗起番禺，怀服百越之君，珠官［《三国志·吴书·吴主传》："（黄武七年即228年）改合浦为珠官郡。"］之南是也。汉武帝诛吕嘉，开九郡，设交阯刺史以镇监之。[**帝国的最南区域：一个被征服的、族裔上"蛮夷"和地理上遥远的地区，在每个重要方面都难以转变或"同化"：**]山川长远，习俗不齐，言语同异，重译乃通，民如禽兽，长幼无别，椎结徒跣，贯头［头上扎带］左衽，长吏之设，虽有若无。[**被流放的华夏罪犯：一个特殊文明扩张的被迫的先锋，犹如那些作为最早的移民，1788年往后被强制送往遥远的澳大利亚的英国人：**]自斯以来，颇徙中国罪人杂居其间，稍使学书，粗知言语，使驿往来，观见礼化。[**"蛮夷"在华夏方向上的起始文明化，范围广泛，速度缓慢，达四百余年之久：**]及后锡光［西汉哀、平间为交州刺史，徙交阯（今越南河内）太守］为交阯，任延为九真太守［光武帝建武初被征召任此职］，乃教其耕犁，使之冠履；为设媒官，始知聘娶；建立学校，导之经义。由此已降，四百余年，颇有似类。[**然而，在他的时候，就"蛮夷"的华夏文明化而言仍有许许多多不足处：**]自臣昔客始至之时，珠崖除州县［州县治所］嫁娶［行正式嫁娶］，（其余）皆须八月引户［自认门户］，人民集会之时，男女自相可适，乃为夫妻，父母不能止。交阯糜泠、九真都庞二县，皆兄死弟妻其嫂，世以此为俗，长吏恣听，不能禁制。日南郡［在今越南中部］男女倮体，不以为羞。由此言之，可谓虫豸［zhì］，有靦面目耳。［**"帝国"日常武力难以施加，"县官羁縻"不得不是一个主要的治理方式；因而，该区域对孙吴岁入的贡献极为有限，几近于无：**］然而土广人众，阻险毒害，易以为乱，难使从治。县官羁縻，示令威服，田户之租赋，裁取供办［酌情征用］，贵致远珍名珠、香药、象牙、犀角、玳瑁、珊瑚、琉璃、鹦鹉、翡翠、孔雀、奇物、充备宝玩，不必仰其赋入，以益中国也。［**与其说将"蛮夷"文明化，不如说那么多华夏族的地区行政长官及其下属将他们自己"野蛮化"，这加上植根于华夏官方实践传统中的狂野镇压，进一步阻碍了华夏意识形态和扩张主义"利益"要求的转变或"同化"：**］然在九甸之外，长吏之选，类不精覈。汉时法宽，多自放恣，故数反违法。珠崖之废，起于长吏睹其［指土著］好发，髡取为髲［假发］。及臣所见，南海黄盖为日南太守，下车以供设不丰，挞杀主簿，仍见驱逐。九真太守儋萌为妻父周京作主人，并请大吏，酒酣作乐，功曹番歆起舞属京，京不肯起，歆犹迫强，萌忿杖歆，亡于郡内［郡府内］。歆弟苗帅众攻府，毒矢射萌，萌至物故。交阯太守士燮遣兵致讨，卒不能克。又故刺史会稽朱符，多以乡人虞褒、刘彦之徒分作长吏，侵虐百姓，强赋于民，（捕）黄鱼一枚收稻一斛，百姓怨叛，山贼并出，攻州突郡。符走入海，流离丧亡。次得［再有，还有］南阳张津［献帝任命其为交州刺史、交州牧］，与荆州牧刘表为隙，兵弱敌强，岁岁兴军，诸将厌患，去留自在。津小检摄［稍加整顿约束］，威武不足，为所陵侮，遂至杀没。后得［后有］零陵赖恭［刘表任命其为交州刺史，接替张津］，先辈仁谨，不晓时事。表又遣长沙吴巨为苍梧太守。巨武夫轻悍，不为恭（所）服，（辄）相怨恨，逐出恭，求步骘。[**作为这"蛮夷之地"的短期的行政长官，能干的步骘和吕岱是罕见的例外：**]是时津故将夷廖、钱博之徒尚多，骘以次鉏治，纲纪適定，会仍召出。吕岱既至，有士氏之变。越军［（吕岱统领的）越地大军］南征，平讨之日，改置长吏，章明王纲，威加万里，大小承风。[**这则上疏的主题：**]由此言之，绥边抚裔，实有其人。牧伯之任，既宜清能［必须清廉能干］……[**严峻的当前形势，需要特别能干的长官：**]今日交州虽名粗定，尚有高凉宿贼；其南海、苍梧、郁林、珠官四郡界未绥，依作寇盗，专为亡叛逋逃之薮。若岱不复南，新刺史宜得精密，检摄八郡，方略智计，能稍稍以渐治高凉者，假其威宠，借之形势，责其成效，庶几可补复。如但中人，近守常法，无奇数异术者，则群恶日滋，久远成害。故国之安危，在于所任，不可不察也。窃惧朝廷忽轻其选，故敢竭愚情，以广圣思。"[**历史证明，华夏人最终未能保持住这片"蛮夷之地"！**]

[**作为一名要臣，他意义重大地谏言反对孙权盛怒中的意图，即亲征辽东以粉碎公孙渊区域政权——一项简直全不可能成功的冒险：**]

黄龙三年[231年]，建昌侯虑[孙权次子]为镇军大将军，屯半州[今江西九江西]，以综为长史，外掌众事，内授书籍。虑卒，入守贼曹尚书，迁尚书仆射[yè][尚书省副官]。时公孙渊降而复叛，权盛怒，欲自亲征。① 综上疏谏曰[**他谏言反对这无谓的超远程征伐，是基于正确的成本效益分析和斥责激情驱动的对外冒险的清醒理性**]："夫帝王者，万国之元首，天下之所系命也。是以居则重门击柝以戒不虞，行则清道案节以养威严，盖所以存万安之福，镇四海之心。昔孔子疾时，讬乘桴浮海之语，季由斯

---

① 《三国志·吴书·吴主传》载：嘉禾元年[232年]春正月，建昌侯虑卒。三月，遣将军周贺、校尉裴潜乘海之（至）辽东。秋九月，魏将田豫要击，斩贺于成山。冬十月，魏辽东太守公孙渊遣校尉宿舒、阆中令孙综称籓于权，并献貂马。权大悦，加渊爵位。

二年[233年]……三月，遣舒、综还，使太常张弥、执金吾许晏、将军贺达等将兵万人，金宝珍货，九锡备物，乘海授渊。举朝大臣，自丞相雍已下皆谏，以为渊未可信，而宠待太厚，但可遣吏兵数百护送舒、综，权终不听。渊果斩弥等，送其首于魏，没其兵资。权大怒，欲自征渊，江表传载权怒曰："朕年六十，世事难易，靡所不尝，近为鼠子所前卻[却]，令人气涌如山。不自截鼠子头以掷于海，无颜复临万国。就令颠沛，不以为恨。"尚书仆射薛综等切谏乃止。

喜，拒以无所取才。汉元帝欲御楼船，薛广德请刎颈以血染车。何则？水火之险至危，非帝王所宜涉也。谚曰：'千金之子，坐不垂堂。'况万乘之尊乎？[**主张战略保守主义的基本论辩：征伐所得寥寥，而且无用；征伐能力不适，似强实弱；征伐代价高昂，得不偿失：**]今辽东戎貊小国，无城池之固，备御之术，器械铢钝，犬羊无政，往必禽克，诚如明诏。然其方土寒埆，谷稼不殖，民习鞍马，转徙无常。卒闻大军之至，自度不敌，鸟惊兽骇，长驱奔窜，一人匹马，不可得见，虽获空地，守之无益，此不可一也。加又洪流滉瀁，有成山之难，海行无常，风波难免，倏忽之间，人船异势。虽有尧舜之德，智无所施，贲育之勇，力不得设，此不可二也。加以郁雾冥其上，咸水蒸其下，善生流肿，转相洿染，凡行海者，稀无斯患，此不可三也。[**还有，延宕和等待有其"自然"裨益，晚成可得大便宜：**]天生神圣，显以符瑞，当乘平丧乱，康此民物；嘉祥日集，海内垂定，逆虏凶虐，灭亡在近。中国一平，辽东自毙，但当拱手以待耳。今乃违必然之图，寻至危之阻，忽九州之固，肆一朝之忿，既非社稷之重计，又开辟以来所未尝有，斯诚群僚所以倾身侧息，食不甘味，寝不安席者也。惟陛下抑雷霆之威，忍赫斯之怒，遵乘桥之安，远履冰之险，则臣子赖祉，天下幸甚。"时群臣多谏，权遂不行。……

三国志吴书十二虞陆张骆陆吾朱传
第十二摘录和评注

陆瑁：

[战略天才陆逊的弟弟，以类似的战略意识，谏劝孙权不要发动一次远超出传统华夏本部的东北向远程水陆征伐。忠诚负责地直言不讳的正直精神是这里的主题，就像它差不多通贯本章始终那样。]

陆瑁字子璋，丞相逊弟也。少好学笃义……

[他有政治分寸感或均衡意识，反对一项将疏离许多有用之士的激进改革；他是个信仰"统一战线"的人物：]

时尚书暨艳盛明臧否，差断三署，颇扬人闇昧之失，以显其谪 [zhé，同"谪"]。瑁与书曰："夫圣人嘉善矜愚，忘过记功，以成美化。加今王业始建，将一大统，此乃汉高弃瑕录用之时也，若令善恶异流，贵汝颍月旦之评 [东汉末年由汝南郡人许劭兄弟主持对当代人物或诗文字画等品评褒贬，常在每月初一发表，故称"月旦评"。无论是谁，一经品题，身价百倍，世俗流传，以为美谈]，诚可以厉俗明教，然恐未易行也。宜远模仲尼之汎爱，中则郭泰 [即郭林宗，东汉末党人运动精神领袖] 之弘济，近有益于大道也。"艳不能行，卒以致败。

[**他还有战略分寸或战略均衡意识，谏言反对一场无谓的、远超过传统华夏本部的远程水陆征伐：**]

嘉禾元年［232年］，公车征瑁，拜议郎、选曹尚书。孙权忿公孙渊之巧诈反覆，欲亲征之，瑁上疏谏曰："臣闻圣王之御远夷，羁縻而已，不常保有，故古者制地，谓之荒服，言慌惚无常，不可保也。[**传统的华夏战略保守主义总是能援引这非常古老的、前儒家的对外关系信条！而且，它可被应用于任何非常遥远的"异类"：**]今渊东夷小丑，屏在海隅，虽讬人面，与禽兽无异。国家所为不爱货宝远以加之者，非嘉其德义也，诚欲诱纳愚弄，以规其马耳。渊之骄黠，恃远负命，此乃荒貊常态，岂足深怪？[**有关西域的他所见的"现代教训"也得到援引：**]昔汉诸帝亦尝锐意以事外夷，驰使散货，充满西域，虽时有恭从，然其使人见害，财货并没，不可胜数。今陛下不忍悁悁之忿，欲越巨海，身践其土，群臣愚议，窃谓不安。何者？[**真正的克劳塞维茨式"引力中心"应当是近旁的威胁性"异类"而非任何非常遥远的；"弃本追末，捐近治远"一向是最大的战略弊端之一：**]北寇与国，壤地连接，苟有间隙，应机而至。夫所以越海求马，曲意于渊者，为赴目前之急，除腹心之疾也，而更弃本追末，捐近治远，忿以改规，激以动众，斯乃猾虏所原（愿）闻，非大吴之至计也。［**远距本身是战略成功的最大敌人之一：**］又兵家之术，以功役相疲，劳逸相待，得失之间，所觉辄多。且沓渚去渊，道里尚远，今到其岸，兵势三分，使强者进取，次当守船，又次运粮，行人虽多，难得悉用；加以单步负粮，经远深入，贼地多马，邀截无常。若渊狙诈，与北未绝，动众之日，脣齿相济。若实子然无所凭赖，其畏怖远迸，或难卒灭。使天诛稽于朔野，山虏承间而起，恐非万安之长虑也。"权未许。

　　［**要恢复君主的明智就需他的进一步谏劝，讲说战略节省、战略轻重缓急次序和战略机会等待：**］瑁重上疏曰："……中夏鼎沸，九域槃互之时，率须深根固本，爱力惜费，务自休养，以待邻敌之阙，未有正于此时，舍近治远，以疲军旅者也。昔尉佗叛逆，僣号称帝，于时天下乂安，百姓殷阜，带甲之数，粮食之积，可谓多矣，然汉文犹以远征不易，重兴师旅，告喻而已。今凶桀未殄，疆埸犹警，虽蚩尤、鬼方之乱，故当以缓急差之，未宜以渊为先。原（愿）陛下抑威任计，暂宁六师，潜神嘿规，以为后图，天下幸甚。"权再览瑁书，嘉其词理端切，遂不行。……

　　赤乌二年［239年］，瑁卒。……

过度伸展或对外妄为的教训

史记列传第五十匈奴列传摘录和评注

［击破匈奴帝国之后——武帝治下漫长的后续：（1）存在一个作为脱离接触（disengagement）的"漫长的和平"；（2）汉帝国要匈奴人臣服的提议反复遭到拒绝；（3）采取越来越甚地挤推他们的种种战略措施；（4）进行一次次旨在完全摧毁他们的远征，但都失败，或得不偿失而虽胜犹败；］

［最后两项的代价巨大到令汉帝国破产的地步，但它们并非必需；大战略须被认为走入了歧途。］

初，汉两将军大出围单于，所杀虏八九万，而汉士卒物故○索隐案：释名云"汉以来谓死为'物故'，物就朽故也"。亦数万，汉马死者十余万。匈奴虽病，远去，而汉亦马少，无以复往。［汉帝国的实力已走到极限。］匈奴用赵信之计，遣使于汉，好辞请和亲。天子下其议，或言和亲，或言遂臣之。丞相长史任敞曰："匈奴新破，困，宜可使为外臣，朝请于边。"汉使任敞于单于。[**击破匈奴帝国后，与匈奴应当有怎样的关系？"传统"观念即平等者之间的关系——作为一种经久的权宜之计——现在遭到放弃。**]单于闻敞计，大怒，留之不遣。[**匈奴是骄傲自豪的民族，在空前的灾难性失败后拒绝臣服。**]……汉方复收士马，会骠骑将军去病死，于是汉久不北击胡。

数岁，伊稚斜单于立十三年死，子乌维立为单于。是岁，汉元鼎三年也［前114年］。乌维单于立，而汉天子始出巡郡县。其后汉方南诛两越，□正义南越、东越。不击匈奴，匈奴亦不侵入边。

乌维单于立三年，汉已灭南越，遣故太仆（公孙）贺将万五千骑出九原二千余里，至浮苴井［今内蒙古达茂旗百灵庙］而还，不见匈奴一人。汉又遣故从骠侯赵破奴万余骑出令居数千里，至匈河水○索隐臣瓒［瓒］云："水名，去令居千里。"［即匈奴河，今蒙古拜达里格河］而还，亦不见匈奴一人。

是时天子巡边，至朔方，勒兵十八万骑以见武节，而使郭吉风告单于。郭吉既至匈奴，匈奴主客◇集解韦昭曰："主使来客官也。"□正义官名，若鸿胪卿。问所使，郭吉礼卑言好，曰："吾见单于而口言。"单于见吉，吉曰："南越王头已悬于汉北阙。今单于即能前与汉战，天子自将兵待边；单于即不能，即南面而臣于汉。何徒远走，亡匿于幕[漠]北寒苦无水草之地，毋为也。"语卒而单于大怒，立斩主客见者，而留郭吉不归，迁之北海上。□正义北海即上海也，苏武亦迁也。而单于终不肯为寇于汉边，休养息士马，习射猎，数使使于汉，好辞甘言求请和亲。[**匈奴再次拒绝臣服，坚持平等者之间的关系，同时亦无相应的实力。**]

汉使王乌等窥匈奴。匈奴法，汉使非去节而以墨黥其面者不得入穹庐。王乌，北地人，习胡俗，去其节，黥面，得入穹庐。单于爱之，详[佯]许甘言，为遣其太子入汉为质，以求和亲。[**全不考虑臣服。**]

汉使杨信于匈奴。是时汉东拔秽貉、朝鲜以为郡，□正义即玄菟、乐浪二郡。而[**旨在愈益挤压已被击破的匈奴的种种战略措施：**]西置酒泉郡□正义今肃州。以鬲[隔]绝胡与羌通之路。汉又西通月氏、大夏，□正义汉书西域传云："大月氏国去长安城万一千六百里，本居燉煌、祁连间，冒顿单于破月氏，而老上单于杀月氏王，以头为饮器，月氏乃远去，过大宛西，击大夏而臣之，都妫水[即阿姆河，发源于帕米尔高原，流经土库曼斯坦及乌兹别克斯坦，曲折西北流入咸海。]北，为王庭也。"又以公主妻乌孙王，以分匈奴西方之援国。又北益广田至眩雷为塞，◇集解汉书音义曰："眩雷，地名，在乌孙北。"[今新疆伊犁河流域昭苏县境内。]而匈奴终不敢以为言。是岁，翕侯信[赵信]死，汉用事者以匈奴为已弱，可臣从也。杨信为人刚直屈彊[强]，素非贵臣，单于不亲。单于欲召入，不肯去节，单于乃坐穹庐外见杨信。杨信既见单于，说曰："即欲和亲，以单于太子为质于汉。"单于曰："非故约。故约，汉常遣翁主，给缯絮食物有品，以和亲，而匈奴亦不扰边。今乃欲反古，令吾太子为质，无几矣。"□正义几音记。言反古无所冀望也。[**汉帝国又一次提议臣服，然而又一次遭到败者的拒绝。他们仍然梦想往昔"极妙的"中国朝贡和平！**]……

杨信既归，汉使王乌，而单于复谄以甘言，欲多得汉财物，绐[dài，欺骗]谓王乌曰："吾欲入汉见天子，面相约为兄弟。"王乌归报汉，汉为单于筑邸于长安。匈奴曰："非得汉贵人使，吾不与诚语。"匈奴使其贵人至汉，病，汉予药，欲愈之，不幸而死。而汉使路充国佩二千石印绶往使，因送其丧，厚葬直[值]数千金，曰"此汉贵人也"。单于以为汉杀吾贵使者，乃留路充国不归。诸所言者，单于特空绐王乌，殊无意入汉及遣太子来质。[**又一次的臣服提议和拒绝，虽然这次较为曲折。**]于是匈奴数使奇兵侵犯边。汉乃拜郭昌为拔胡将军，及浞野侯◇集解徐广曰赵破奴。屯朔方以东，备胡。路充国留匈奴三岁，单于死。

乌维单于立十岁而死，子乌师庐立为单于。年少，号为兒单于。是岁元封六年[前105年]也。……

[**武帝治下一次通过阴谋消灭独立的匈奴国家的努力，然而惨败：**]是岁[前104年]，汉使贰师将军（李）

广利西伐大宛［中亚国名，位于帕米尔西麓，锡尔河上游、中游，当今乌兹别克斯坦费尔干纳盆地］［无功而还］［**这次远征众所周知只是为了几匹汗血宝马！**］，而令因杅□正义音于。将军敖筑受降城。其冬，匈奴大雨雪，畜多饥寒死。兒单于年少，好杀伐，国人多不安。左大都尉欲杀单于，使人间告汉曰："我欲杀单于降汉，汉远，即兵来迎我，我即发。"初，汉闻此言，故筑受降城，犹以为远。

其明年春，汉使浞野侯破奴将二万余骑出朔方西北二千余里，期至浚稽山○索隐应劭云："在武威县北。"而还。浞野侯既至期而还，左大都尉欲发而觉，单于诛之，发左方兵击浞野。浞野侯行捕首虏得数千人。还，未至受降城四百里，匈奴兵八万骑围之。浞野侯夜自出求水，匈奴间捕，生得浞野侯，因急击其军。……军遂没于匈奴。匈奴兒单于大喜，遂遣奇兵攻受降城。不能下，乃寇入边而去。其明年，单于欲自攻受降城，未至，病死。

兒单于立三岁而死。子年少，匈奴乃立其季父乌维单于弟右贤王呴◇集解音钩，又音吁。犁湖为单于。是岁太初三年［前102年］也。

［**帝国远疆工事体系建造，即设立远程前沿防御/进攻据点，以便愈益挤推匈奴国家：**］呴犁湖单于立，汉使光禄徐自为出五原塞□正义即五原郡榆林塞也。在胜州榆林县四十里也。数百里，远者千余里，筑城鄣列亭□正义顾胤云："鄣，山

中小城。亭，候望所居也。"至庐朐，○索隐 按：即（分）筑（诸多）城鄣列亭至庐朐也。服虔云："庐朐，匈奴地名也。"张晏云："山名也。"[庐朐，应在今阿尔泰山南麓某地。] 而使游击将军韩说、长平侯卫伉屯其旁，使彊[强]弩都尉路博德筑居延泽上。□正义括地志云："汉居延县故城在甘州张掖县东北一千五百三十里，有汉遮虏鄣，彊弩都尉路博德之所筑。"

[**征服远西国家大宛：这对匈奴的涵义：**] 其秋［前102年］，匈奴大入定襄、云中，杀略［掠］数千人，败数二千石而去，行破坏光禄所筑城列亭鄣。又使右贤王入酒泉、张掖，略［掠］数千人。……是岁，贰师将军破大宛，斩其王而还。[从此大宛服属汉帝国] …… [**这场代价巨大的远征既是为报复先前征大宛的失败，也是为了几匹汗血宝马。**]①

---

① 汉代学问大师刘向说："贰师将军捐五万之师，縻亿万之费，经四年之劳，而仅获骏马三十匹，虽斩宛王毋鼓（寡）之首，犹不足以复费，……。"武帝为伐大宛，几乎倾全国之力。刘向还说李广利在伐宛过程中"其私罪恶甚多。孝武以为万里征伐，不录其过"。

武帝之后汉帝国的进一步远征，最终成功地消除了匈奴对其领土和势力范围的威胁：前87年，汉武帝死，汉帝国暂时停止对匈奴的攻击。昭帝［前87—前74年在位］时，匈奴为缓和与汉的敌对关系，将扣留了19年的汉使苏武释放［前81年苏武回到长安］。前73年匈奴转攻西域的乌孙，以索要公主，即汉嫁给乌孙王的解忧公主，乌孙向汉求救，汉组织五路大军十几万与乌孙联兵进攻匈奴。前71年［汉宣帝治下］再次联兵20余万合击匈奴，大获全胜，直捣右谷蠡王庭。同年冬，匈奴出动数万骑兵击乌孙以报怨，适逢天降大雨雪，生还者不足十分之一。是时丁零北攻，乌桓入东，乌孙击西，匈奴元气大伤，被迫向西迁徙以依靠西域，西域再次成为汉匈争夺重点。双方反复激烈争夺车师之际，前60年匈奴内部因掌管西域事务的日逐王先贤掸与新任单于屠耆堂争夺权位发生冲突。日逐王降汉，匈奴被迫放弃西域。汉帝国完全控制了西域［郑吉为西域都护，治乌垒城。匈奴罢西域僮仆都尉］，匈奴至此已无力扰汉。

汉既诛大宛，威震外国。天子意欲遂困胡，乃下诏曰："高皇帝遗朕平城之忧，高后时单于书绝悖逆。昔齐襄公复九世之雠，春秋大之。"[**皇朝报复：作为他狂野征伐的理由的激情和意识形态。现在，他显著越出了由可得能力和成本效益规定的战略极限。**]是岁太初四年[前101年]也。……

[**对匈奴的失败了的超纵深远征：**]其明年[前92年]，汉使贰师将军广利以三万骑出酒泉，击右贤王于天山，囗正义在伊州。得胡首虏万余级而还。匈奴大围贰师将军，几不脱。汉兵物故[死]什六七。汉复使因杅将军（公孙）敖出西河，与彊[强]弩都尉会涿涂山，囗正义匈奴中山也。毋所得。又使骑都尉李陵将步骑五千人，出居延北千余里，与单于会，合战，陵所杀伤万余人，兵及食尽，欲解归，匈奴围陵，陵降匈奴，其兵遂没，得还者四百人。……

[**再度大规模超纵深远征，以打击匈奴，但再度失败，在帝国宫廷的"巫蛊"大动乱期间：**]后二岁[前90年]，复使贰师将军将六万骑，步兵十万，出朔方。彊[强]弩都尉路博德将万余人，与贰师会。游击将军（韩）说将步骑三万人，出五原。因杅将军敖将万骑步兵三万人，出雁门。匈奴闻，悉远其累重于余吾水[土拉河，流经今乌兰巴托]北，而单于以十万骑待水南，与贰师将军接战。贰师乃解

而引归，与单于连战十余日。贰师闻其家以巫蛊［巫蛊事起于前92年］族灭，因并众降匈奴，得来还千人一两人耳。**［帝国远征大军的彻底失败和灭绝！］**游击（将军韩）说无所得。因杅（将军公孙）敖与左贤王战，不利，引归。……［前87年，武帝死。］

史记列传第六十三大宛列传摘录和评注

［伐大宛：在远西的一场目的荒唐的大规模征伐战争，经荒唐的战争操作。］

……………

［关于一个未知民族的艰难获得的知识引发了皇帝对一种特殊财富的强烈贪欲：］

骞身所至者大宛、大月氏、大夏、康居，而传闻其旁大国五六，具为天子言之。曰：

［张骞"为天子言"：因为有这位伟大和忠诚的中国探索者，中国人关于西北远疆以外西方世界的知识大为丰富化（甚或系统地开始）。它们当中颇大部分是地缘战略性质的，然而武帝后来将仅仅对关于一种奇异宝马的知识有强烈兴趣：］大宛在匈奴西南，在汉正西，去汉可万里。其俗土著，耕田，田稻麦。有蒲陶［葡萄］酒。多善马，

〇索隐案：外国传云"外国称天下有三众：中国人众，大秦宝众，月氏马

众"。马汗血，其先天马子也。◇集解汉书音义曰："大宛国有高山，其上有马，不可得，因取五色母马置其下，与交，生驹汗血，因号曰天马子。"有城郭屋室。其属邑大小七十余城，众可数十万。其兵弓矛骑射。其北则康居，西则大月氏，西南则大夏，东北则乌孙，东则扜罙、○索隐扜罙，国名也，音汙弥二音。于窴。○索隐音殿。……

[经过分叉旁述之后，汗血宝马这个主题正式浮现（如果我们将此当作《大宛列传》的主题的话），尽管仍有不少分叉旁述：]自博望侯骞死后，匈奴闻汉通乌孙，怒，欲击之。及汉使乌孙，若◇集解徐广曰："汉书作'及'，若意义亦及也。"出其南，抵大宛、大月氏相属，乌孙乃恐，使使献马，原[愿]得尚汉女翁主为昆弟。天子问群臣议计，皆曰"必先纳聘，然后乃遣女"。初，天子发书《易》，◇集解汉书音义曰："发易书以卜。"云"神马当从西北来"。得乌孙马好，名曰"天马"。及得大宛汗血马，益壮[武帝对这奇异之物的贪欲开始。它将发展到狂野地步，导致有其巨大代价的远程征伐]，更名乌孙马曰"西极"，名大宛马曰"天马"云。而汉始筑令居以西，◇集解徐广曰："属金城。"初置酒泉郡以通西北国。因益发使抵安息、奄蔡、黎轩、条枝、身毒国。而天子好宛马，使者相望于道。诸使外国一辈大者数百，少者百余人，人所赍[jī]操[赍操：携带]大放[仿]博望侯时。其后益习而衰少焉。

汉率一岁中使多者十余，少者五六辈，远者八九岁，近者数岁而反［返］。……

…… ……

［**史事记录充分重回主题：由于对一个奇异物种的狂野渴望和他的虚荣心，武帝发动了代价非常巨大的远征。一场荒唐的战争的诸项原因与其荒唐的操作：**］而汉使者往既多，其少从［少数从者］率多进熟于天子，◇集解汉书音义曰："……进熟，美语如成熟者也。"言曰："宛有善马在贰师城，匿不肯与汉使。"天子既好宛马，闻之甘心，使壮士车令等持千金及金马以请宛王贰师城善马。宛国饶汉物，相与谋曰："汉去我远，而盐水中数败，□正义孔文祥云："盐，盐泽也。……"裴矩西域记云："在西州高昌县东，东南去瓜州一千三百里，并沙碛之地，水草难行，四面危，道路不可准记，行人唯以人畜骸骨及辰［yí］马粪为标验。以其地道路恶，人畜即不约行……"出其北有胡寇，出其南乏水草。又且往往而绝邑，乏食者多。汉使数百人为辈来，而常乏食，死者过半，是安能致大军乎？无奈［奈］我何。且贰师马，宛宝马也。"遂不肯予汉使。［**蔑视，基于正确的知识，即距离和地理对汉帝国的权势施加了重大限制；然而，这些未能限制其君主的狂野欲望、决心和虚荣，后者全都是"不可见的"和个人特质性的战略要素。**］汉使怒，妄言，◇集解如淳曰："骂詈。"椎金马而去。宛贵人怒曰："汉使至轻我！"遣汉使去，令其东边

◆ 过度伸展或对外妄为的教训 ◆

郁成[城名]遮攻杀汉使，取其财物。于是天子大怒。诸尝使宛姚定汉等言宛兵弱，诚以汉兵不过三千人，彊[强]弩射之，即尽虏破宛矣。[**缺乏知识和傲慢自大被添入远程征伐的动因。**]天子已尝使浞野侯攻楼兰，以七百骑先至，虏其王，以定汉等言为然，[**误读一项相当狭窄和特殊的往昔经验**]而欲侯宠姬李氏，拜李广利为贰师将军[**被进一步添入的是武帝讨好一名宠姬的考虑**]，发属国六千骑，及郡国恶少年数万人[**一支主要由无赖恶少组成的征伐大军，由一名非常无能的贵族恶棍统率**]，以往伐宛。期至贰师城取善马，故号"贰师将军"。赵始成为军正，故浩侯王恢使导军，◇集解徐广曰："恢先受封，一年，坐使酒泉矫制，国除。"而李哆○索隐音尺奢反。为校尉，制军事。是岁太初元年[前104年，亦即司马迁始撰《史记》之年]也。而关东蝗大起，蜚[飞]西至敦煌。[**一场荒唐的中国对外战争：为了一种奇异的奢侈物而发动的超远程征伐，在中国核心地区的自然大灾之年。**]

[**远征军遭遇巨大的悲惨，"还至敦煌，士不过什一二"：**]贰师将军军既西过盐水，当道小国恐，各坚城守，不肯给食。攻之不能下。下者得食，不下者数日则去。比至郁成，士至者不过数千，皆饥罢[疲]。攻郁成，郁成大破之，所杀伤甚众。贰师将军与哆、始成等计："至郁成尚不能举，况至其王都乎？"引兵而还。往来二岁。还至敦

煌，士不过什一二。使使上书言："道远多乏食；且士卒不患战，患饥。人少，不足以拔宛。原［愿］且罢兵，益发而复往。"天子闻之，大怒，而使使遮玉门，曰军有敢入者辄斩之！贰师恐，因留敦煌。[**疯狂的武帝，战略和一切其他选择全都免谈！**]

其夏，汉亡浞野（侯）[赵破奴]之兵二万余于匈奴。◇集解徐广曰："太初二年，赵破奴为浚稽将军，二万骑击匈奴，不还也。"公卿及议者皆原［愿］罢击宛军，专力攻胡。[**广阔的战略形势：两线战争与其困境。**]天子已业诛宛，宛小国而不能下，则大夏之属轻汉，而宛善马绝不来，乌孙、仑头易苦汉使矣，◇集解晋灼曰："易，轻也。"为外国笑。[**然而在武帝那里，这荒唐和已遭惨败的战争必须继续下去，并且最终打赢：他的强烈动机在于帝国威望、个人贪欲和皇上虚荣三者合一。一种"多米诺骨牌论"。**]乃案言伐宛尤不便者邓光等，赦囚徒材官[一种地方预备兵兵种]，益发恶少年及边骑，岁余而出敦煌者六万人[**在帝国军事人力近乎告罄之际狂野征召**]，负私从者不与[且不计自带衣食随军参战的人数]。[**为了荒唐的战争进行的穷尽式动员，几乎令国家破产：**]牛十万，马三万余匹，驴骡橐[tuó]它[骆驼]以万数。多赍[携]粮，兵弩甚设，天下骚动，传相奉伐宛，凡五十余校尉。宛王城中无井，皆汲城外流水，于是乃遣水工徙其城下水空以空其城。◇集解徐广曰："空，一作'穴'……言

过度伸展或对外妄为的教训

'空'者,令城中渴乏。"益发戍甲卒十八万,酒泉、张掖北,置居延、休屠以卫酒泉,◇集解如淳曰:"立二县以卫边也。或曰置二部都尉,以卫酒泉。"而发天下七科適[七种犯罪之人],□正义音谪。张晏云:"……武帝天汉四年[前97年],发天下七科谪出朔方也。"及载糒给贰师。转车人徒相连属至敦煌。而拜习马者二人为执驱校尉,备破宛择取其善马云。

于是贰师后复行,兵多,而所至小国莫不迎,出食给军。至仑头,仑头不下,攻数日,屠之。[**汉帝国也能在其征伐期间或进行大屠杀,就如它取代了的暴秦屡屡做过的那样**。]自此而西,平行至宛城,汉兵到者三万人。宛兵迎击汉兵,汉兵射败之,宛走入葆乘其城。贰师兵欲行攻郁成,恐留行而令宛益生诈,乃先至宛,[**对"蛮夷"都城的一场残酷和旷日持久的围困战,导致"蛮夷"官廷内斗、弑君和为起码的生存而投降:**]决其水源,移之,则宛固已忧困。围其城,攻之四十余日,其外城坏,虏宛贵人勇将煎靡。宛大恐,走入中城。宛贵人相与谋曰:"汉所为攻宛,以王毋寡匿善马而杀汉使。今杀王毋寡而出善马,汉兵宜解;即不解,乃力战而死,未晚也。"宛贵人皆以为然,共杀其王毋寡,持其头遣贵人使贰师,约曰:"汉毋攻我。我尽出善马,恣所取,而给汉军食。即不听,我尽杀善马,而康居之救且至。至,我居内,康居居外,与汉军战。汉军熟计之,何从?"是时康居候视汉兵，汉兵尚盛，不敢进。贰师与赵始成、李哆等计："闻宛城中新得秦人，知穿井，而其内食尚多。所为来，诛首恶者毋寡。毋寡头已至，如此而不许解兵，则坚守，而康居候汉罢[疲]而来救宛，破汉军必矣。"军吏皆以为然，许宛之约。[**战略估算限制了残忍**。]宛乃出其善马，令汉自择之，而多出食食给汉军。汉军取其善马数十匹。中马以下牡牝[pìn]三千余匹，而立宛贵人之故待遇汉使善者名昧蔡〇索隐本大宛将也。以为宛王，与盟而罢兵。终不得入中城。乃罢而引归。……

初，贰师后行，天子使使告乌孙，大发兵并力击宛。[**"以夷制夷"，但未省却代价极大的征伐**。]乌孙发二千骑往，持两端，不肯前。贰师将军之[至]东，诸所过小国闻宛破，皆使其子弟从军入献，见天子，因以为质焉。[**"蛮夷"搭车**（bandwagoning）。]贰师之伐宛也，而军正赵始成力战，功最多；及上官桀敢深入，李哆为谋计，军入玉门者万余人，军马千余匹。贰师后行[**这名皇亲和贵族恶棍从未以勇气和将才著称**]，军非乏食，战死不能多[战死者不能算多]，而将吏贪，多不爱士卒，侵牟之，以此物故众[因此死人很多]。[**一支腐败的远征大军，其士卒亡故主要出自其将吏的腐败**。]天子为万里而伐宛，不录过，封广利为海西侯。[**君主的非常偏心和"裙带式"的宠惠，给予他的宠姬的兄长**。]又封身斩郁成王者骑士赵弟为新畤侯。[一项"火箭式"的提升！傲慢的武帝必定对郁成王——他的大军和他的虚荣的胜利打击者——恨之入骨。]军正赵始成为光禄大夫，上官桀为少府，李哆为上党太守。军官吏为九卿者三人，诸侯相、郡守、二千石者百余人，千石以下千余人。奋行者官过其望[自愿参军者得到的军职超过期望]，◇集解汉书音义曰："奋，迅。自乐入行者。"以適过行者皆绌其劳[免除前罪而不计功劳]。士卒赐直[值]四万金。[**这场荒唐的战争的追加代价：赐给军事征服者们的浩大酬赏，无论他们是将、是官还是卒**。]伐宛再反[返]，凡四岁而得罢焉。

汉已伐宛，立昧蔡为宛王而去。岁余，宛贵人以为昧蔡善谀，使我国遇屠，乃相与杀昧蔡，立毋寡昆弟曰蝉封为宛王[**汉帝国大军离去后不久，附庸政权便像纸房子一样倒塌**]，而遣其子入质于汉。汉因使使赂赐以镇抚之。

而汉发使十余辈至宛西诸外国，求奇物，因风览以伐宛之威德。["求奇物，风威德"：**帝国在远西的对外政策目标，一项代价不菲的轻浮事业**。]而敦煌置酒泉都尉；西至盐水，往往有亭。而仑头有田卒数百人，因置使者护田积粟，以给使外国者。[**在近西，帝国的操作显著地更为认真**。]……

汉书卷六十四上严朱吾丘主父徐严终王贾传第三十四上摘录和评注

徐乐：

[武帝之下的一位内臣和文人；他没有给历史记录留下任何东西，除了下述伟大的政治论说，那基于被反复强调的暴秦教训而发出一番根本告诫，告诫正在其武力征服和扩张高峰时期的武帝和汉帝国：]

徐乐，燕无终人也。上书曰：

[中国历史性政治经验和未经腐败的政治儒学中的一类最佳思想得到了表述：]臣闻天下之患，在于土崩，不在瓦解，古今一也。

何谓土崩？秦之末世是也。陈涉无千乘之尊、疆土之地，身非王公大人名族之后，无乡曲之誉，非有孔、曾、墨子之贤，陶朱、猗顿之富也。然起穷巷，奋棘矜[棘：戟也。矜（qin）：矛柄]，偏袒大呼，天下从风，此其故何也？由民困而主不恤，下怨而上不知，俗已乱而政不修，此三者陈涉之所以为资也。此之谓土崩。故曰天下之患在乎土崩。

何谓瓦解？吴、楚、齐、赵之兵是也。七国谋为大逆，号皆称万乘之君，带甲数十万，威足以严其境内，财足以劝其士民，然不能西攘［谓向西侵取汉地］尺寸之地，而身为禽（擒）于中原者，此其故何也？非权轻于匹夫而兵弱于陈涉也，当是之时，先帝之德未衰，而安土乐俗之民众，故诸侯无竟（境）外之助。此之谓瓦解。故曰天下之患不在瓦解。

由此观之，天下诚有土崩之势，虽布衣穷处之士或首难而危海内，陈涉是也，况三晋之君或存乎？天下虽未治也，诚能无土崩之势，虽有强国劲兵，不得还（旋）踵而身为禽（擒），吴、楚是也，况群臣百姓，能为乱乎？此二体者，安危之明要，贤主之所留意而深察也。

[**对武帝的告诫，在武帝胜利的大规模武力征服的高峰时期：**]间者，关东五谷数不登，年岁未复［恢复］，民多穷困，重之以边境之事，推数循理而观之，民宜有不安其处者矣。不安故易动，易动者，土崩之势也。故贤主独观万化之原（源），明于安危之机，修之庙堂之上，而销未形之患也。其要，期使天下无土崩之势而已矣。[**政治稳定的根本，"维护"（maintenance）或曰"保江山"的根本！**]故虽有强国劲兵，陛下逐走兽，射飞鸟，弘游燕（宴）之囿，淫从（纵）恣之观，极驰骋之乐，自若［泰然处之而不变］。金石丝竹之声不绝于耳，帷幄之私俳优侏儒之笑不乏于前，而天下无宿［久也］忧。……

汉书卷九十九中王莽传第六十九中摘录和评注

［王莽正式宣告王朝变更：］

始建国元年［公元9年］正月朔，莽帅（率）公侯卿士奉皇太后玺韨，上太皇太后，顺符命，去汉号焉。

…… ……

又曰："天无二日，土无二王，百王不易之道也。汉氏诸侯或称王，至于四夷亦如之，违于古典，缪于一统。其定诸侯王之号皆称公，及四夷僭号称王者皆更为侯。"**［自治的帝国"蛮夷附庸"突遭大降级、大侮辱！这将有严重恶果。］**

…… ……

［旨在做作和傲慢的合法性的赴"蛮夷"使命，恰如一场浮华滑稽剧：］

五威将乘《乾》文车［画有天文图像的车］，驾《坤》六马［六匹母马］，背负鹥［biē］鸟［即锦鸡］之毛，服饰甚伟。每一将各置左右前后中帅，凡五帅。衣冠车服驾马，各如其方面色数［东方色青，数三；南方赤，二；西方白，四；北方黑，一；中央黄，五］。将持节，称太一［天帝别名］之使；帅持幢，称五帝之使。莽策命曰："普天之下，迄于四表，靡所不至。"其东出者，至玄菟、乐浪、高句骊、夫余；南出者，隃（逾）徼外，历益州，贬句町［古国名，在今云南广南一带］王为侯；西出者，至西域，尽改其王为侯；北出者，至匈奴庭，授单于印，改汉印文，去"玺"曰"章"。单于欲求故印，陈饶椎破之。语在《匈奴传》。[**在那些与他的文化深为疏离、对他的剥夺恨意填膺的人那里，它招致了盛怒和反叛：**]单于大怒，而句町、西域后卒以此皆畔（叛）。饶还，拜为大将军，封威德子。[**他对所有民族都极为傲慢，不论是华夏还是非华夏！**]……

（始建国）二年［10年］……

[**他对"蛮夷附庸"名号的降级（一种剥夺）招致了愤怒和反叛，结果是边疆危机，继之以帝国宗主关系方面的暴烈的连锁反应：**]

匈奴单于求故玺，莽不与，遂寇边郡，杀略（掠）吏民。

十一月，立国将军建奏："西域将钦［但钦，时为西域都护］上言，九月辛巳，戊己校尉［在西域车师掌管屯田］史［官佐］陈良、终带共贼杀校尉刁护［《西域传》作刀护］，劫略（掠）吏士，自称废汉大将军，亡入匈奴。又今月癸酉，不知何一男子遮臣建车前，自称'汉氏刘子舆，成帝下妻［小妻］子也。刘氏当复，趣（趋）空宫。'收系（羁）男子，即常安姓武字仲。皆逆天违命，大逆无道。请论仲及陈良等亲属当坐者。"奏可。……

更名匈奴单于曰降奴服于。莽曰："降奴服于知威侮五行［水、火、木、金、土；借指王朝帝国统治秩序］，背畔（叛）四条［指王莽给匈奴定的不得接受汉人、西域人、乌孙人、乌桓人等四种人的规定。见《匈奴传》］，侵犯西域，延及边垂（陲），为元元害，罪当夷灭。[**宣帝往后对邻近中国的残余匈奴的战略/外交成就差不多一夜之间便被大篡夺者丧失净尽！**] 命遣立国将军孙建等凡十二将，十道并出，共行皇天之威，罚于知之身。[**大规模远程征伐，旨在一个总体性目的，即击碎他自己招致的东西，从而将引起如下所述简直遍布华夏的骚扰动荡。**] 惟知先祖故呼韩邪单于稽侯狦［名稽侯，前58—前31年在位］累世忠孝，保塞守徼，不忍以一知之罪，灭稽侯狦之世。今分匈奴国土人民以为十五，立稽侯狦子孙十五人为单于。遣中郎将蔺苞、戴级驰塞下，召拜当为单于者。……"。遣五威将军苗䜣、虎贲将军王况出五原，厌难将军陈钦、震狄将军王巡出云中，振武将军王嘉、平狄将军王萌出代郡，相威将军李棽、镇远将军李翁出西河，诛貉将军阳俊、讨秽将军严尤出渔阳，奋武将军王骏、定胡将军王晏出张掖，及偏裨以下百八十人。募天下囚徒、丁男、甲卒三十万人，转众郡委输［运输］

五大夫〔五大夫：疑衍（刘奉世说）〕衣裘、兵器、粮食……天下骚动……

…………

〔史录回到行将发动的大规模征伐，伴有前述"天下骚动"的进一步影响：〕是时〔始建国三年，11年〕，诸将在边，须〔等待〕大众集，吏士放纵，而内郡愁于征发，民弃城郭流亡为盗贼，并州〔主要约当今山西省境〕、平州〔其地约当今辽宁东部〕尤甚。莽令七公六卿号皆兼称将军，遣著武将军逯并等填（镇）名都，中郎将、绣衣执法〔武帝时有绣衣直指或绣衣使者，王莽仿之而设〕各五十五人，分填（镇）缘边大郡，督大奸猾擅弄兵者，皆便为奸于外，挠乱州郡，货赂为市，侵渔百姓。〔**大小魔鬼已由他的狂野行为释放出来，产生他控制不了的恶劣影响和连锁反应。**〕莽下书曰："虏知罪当夷灭，故遣猛将分十二部，将同时出，一举而决绝之矣。内置司命军正，外设军监十有二人，诚欲以司不奉命，令军人咸正也。今则不然，各为权势，恐猲〔吓唬〕良民，妄封人颈，得钱者去。毒蠚〔hē，谓祸患〕并作，农民离散。司监若此，可谓称不？自今以来，敢犯此者，辄捕系（羁），以名闻。"然犹放纵自若。

而蔺苞、戴级到塞下，招诱单于弟咸、咸子登入塞，胁拜咸为孝单于，赐黄金千斤，锦绣甚多，遣去；将登至长安，拜为顺单于，留邸。……

［他，恰如正式篡夺以来先前所为，使得近乎每个人都非常不满，甚或非常愤怒：］

四年［12年］……

厌难将军陈钦言捕虏生口，虏犯边者皆孝单于咸子角所为。莽怒，斩其子登于长安，以视诸蛮夷。［**极端粗暴（和多变）的附庸政策！**］

…… ……

［**由大篡夺者惹起和加剧的帝国边疆动乱不仅发生在西北，也发生在西南和东北。"东北与西南夷皆乱"：**］

初，五威将帅出，改句町王以为侯，王邯［勾町王名邯］怨怒不附。莽讽牂柯［郡名，在今贵州贵定东北］大尹周歆诈杀邯。［**"诈杀"确实远比征伐便宜！哪里有他的儒家/帝国伪善？**］邯弟承起兵攻杀歆。［**较便宜，然而立时招致报复。**］先是，莽发高句骊兵，当伐胡，不欲行，郡强迫之，皆亡出塞，因犯法为寇。辽西［郡名，在今辽宁义西县西］大尹田谭追击之，为所杀。州郡归咎于高句骊侯驺。严尤奏言："貉人犯法，不从驺起，正［即使］有它心，宜令州郡且尉（慰）安之。今猥［多也］被［加也］以大罪，恐其遂畔（叛），夫余之属必有和者。匈奴未克，夫余、秽貉［对貉人的贬称］复起，此大

过度伸展或对外妄为的教训

忧也。"① ［一项出于常识性经验的劝诫，但被拒绝：］莽不尉（慰）安，秽貉遂反，诏尤击之。尤诱高句骊侯驺至而斩焉［"诱斩"，也非常便宜。然而哪里有他的儒家/帝国伪善？］，传首长安。莽大说（悦），下书曰："……捕斩虏骁，平定东域，虏知［匈奴单于名］殄灭，在于漏刻［谓短时间］。……其更名高句骊为下句骊，布告天下，令

---

① ［严尤：深刻知晓华夏在对付蛮夷方面多个世纪的战略经验，连同大篡夺者的四夷方针的严重危险。］
《汉书·匈奴传下》载：（约在始建国三年［11年］）莽将严尤谏曰：
［当时被拒绝了的劝诫：篡夺者的武力摧毁方针违背了华夏近千年的历史经验（虽然部分经验在此叙述得不很准确）：］臣闻匈奴为害，所从来久矣，未闻上世有必征之者也。后世三家周、秦、汉征之，然皆未有得上策者也。周得中策，汉得下策，秦无策焉。当周宣王［前828—前789年在位］时，狝允内侵，至于泾阳，命将征之，尽境而还。其视戎狄之侵，譬犹蚊虻之螫，驱之而已。故天下称明，是为中策。汉武帝选将练兵，约赍轻粮，深入远戍，虽有克获之功，胡辄报之，兵连祸结三十余年，中国罢（疲）耗，匈奴亦创艾，而天下称武，是为下策。秦始皇不忍小耻而轻民力，筑长城之固，延袤万里，转输之行，起于负海，疆境既完，中国内竭，以丧社稷，是为无策。［不仅如此，这还违背了帝国国内形势的现实和超大规模远征的后勤困难：］今天下遭阳九之厄［指灾难之年或厄运］，比年饥馑，西北边犹甚。发三十万众，具三百日粮，东援［引也］海代（岱），南取江淮，然后乃备。计其道里，一年尚未集合，兵先至者聚居暴露，师老械弊，势不可用，此一难也。边既空虚，不能奉军粮，内调郡国，不相及属，此二难也。计一人三百日食，用十八斛［十斗为斛，计一百八十斗］非牛力不能胜；牛又当自赍食，加二十斛，重矣。胡地沙卤，多乏水草，以往事揆之，军出未满百日，牛必物故［谓死］且尽，余粮尚多，人不能负，此三难也。胡地秋冬甚寒，春夏甚风，多赍釜鍑薪炭，重不可胜，食饮水，以历四时，师有疾疫之忧，是故前世伐胡，不过百日，非不欲久，势力不能，此四难也。辎重自随，则轻锐者少，不得疾行，虏徐遁逃，势不能及，幸而逢虏，又累辎重，如遇险阻，衔尾相随，虏要遮前后，危殆不测，此五难也。大用民力，功不可必立，臣伏忧之。今既发兵，宜纵先至者，令臣尤等深入霆击，且以创艾胡虏。
莽不听尤言，转兵谷如故，天下骚动。……

咸知焉。"于是貉人愈犯边，东北与西南夷皆乱云。["诈杀"、"诱斩"并未给他带来平定和臣服，却只带来严重的反叛和扰乱。]

莽志方盛，以为四夷不足吞灭，专念稽古之事。[他怎能如此傲慢，尽管他没有对正当反叛的蛮夷取得任何真正的胜利？]

……………

[他在帝国/附庸事务中一向肆无忌惮：]

是岁［五年，13 年］，乌孙大小昆弥遣使贡献。大昆弥者，中国外孙也［当时大昆弥伊秩靡，乃解忧公主（楚王刘戊的孙女）在乌孙之孙］。其胡妇子为小昆弥［时小昆弥名安靡］，而乌孙归附之。莽见匈奴诸边并侵，意欲得乌孙心，乃遣使者引小昆弥使置大昆弥使上。保成师友祭酒满昌劾奏使者曰："夷狄以中国有礼谊，故诎（屈）而服从。大昆弥，君也。今序臣使于君使之上，非所以有夷狄也。奉使大不敬！"莽怒，免昌官。

西域诸国以莽积失恩信，焉耆先畔（叛），杀都护但钦。[他在帝国/附庸事务中一向肆无忌惮。为何如此？或许"专念稽古之事"的他属于中国史上最极端的"儒家种族主义者"，完全看扁邻近各族。]……

……………

[又是"蛮夷"事务，还有他的邪恶、傲慢和厄运：]

过度伸展或对外妄为的教训

[六年，14年] 匈奴单于知死，弟咸立为单于，求和亲。莽遣使者厚赂之，诈还许其侍子登[如前所述，这名人质已经被他杀死。再度欺骗"蛮夷"君主（这次是欺骗一位求和的蛮夷君主）。他对待其他民族似如蛆虫！]，因购求陈良、终带等。单于即执良等付使者，槛车诣长安。莽燔烧良等于城北，令吏民会观之。[他有着原始的兽性残忍！]

缘边大饥，人相食。谏大夫如普行边兵，还言"军士久屯塞苦，边郡无以相赡。今单于新和，宜因是罢兵。"校尉韩威进曰："以新室之威而吞胡虏，无异口中蚤虱。臣愿得勇敢之士五千人，不赍斗粮，饥食虏肉，渴饮其血，可以横行。"莽壮其言，以威为将军。然采普言，征还诸将在边者。免陈钦等十八人，又罢四关填（镇）都尉诸屯兵。[他的优先考量当然还是在中国本部的统治、合法性和"革命"。通过对外政策追求的东西是为了他的国内关切。]会匈奴使还，单于知侍子登前诛死，发兵寇边，莽复发军屯。于是边民流入内郡，为人奴婢，乃禁吏民敢挟边民者弃市。

益州（郡）蛮夷杀大尹程隆，三边[指凉州、益州、荆州的边区]尽反。遣平蛮将军冯茂将兵击之。……

（天凤二年，15年）单于咸既和亲，求其子登尸，莽欲遣使送致，恐咸怨恨害使者，乃收[逮捕]前言当诛侍子者故将军陈钦，以他罪系（羁）狱。钦曰："是欲以我为说（悦）于匈奴也。"遂自杀。莽选儒生能颛（专）对者济南王成为大使，五威将琅邪伏黯等为帅，使送登尸。敕令掘单于知墓，棘鞭[以棘木打击]其尸。[**他往往像一头野兽那样行事，一头非常扭曲的"儒兽"。**]又令匈奴却塞于漠北，责单于马万匹，牛三万头，羊十万头[**对一位求和的匈奴君主的巨量暴敛**]，及稍所略（掠）边民生口在者皆还之。莽好为大言如此。咸到单于庭，陈莽威德，责单于背畔（叛）之罪，应敌从（纵）横，单于不能诎，遂致命而还之……

………

[在西南方的代价非常高昂的征伐战役，由普通军人和民众承担代价而无成功；还有，归因于他狂热的报复意图，"西域自此[16年]绝"：]

（天凤三年，16年）平蛮将军冯茂击句町，士卒疾疫，死者什六七，赋敛民财什取五，益州虚耗而不克，征还下狱死。更遣宁始将军廉丹与庸部牧史熊击句町，颇斩首，有胜。莽征丹、熊，丹、熊愿益调度[谓增调军队与物资]，必克乃还。复大赋敛，就都[广汉郡之改名]大尹冯英不肯给，上言"自越巂[郡名，在今四川西昌东南]遂久仇牛、同亭[牂柯郡之改名]邪豆之属反畔（叛）以来，积且十年，郡县距击不已。续用冯茂，苟施一切[权宜]之政。僰[bō]道[县名，在今四川宜宾西南]以南，山险高深，茂多驱众远居，费以亿计，吏士罹毒气死者什七。今丹、熊惧于自诡[责成]期会[规定期限]，调发诸郡兵、谷，复訾（货）民取其十四，空破梁州，功终不遂。宜罢兵屯田，明设购赏。"莽怒，免英官……

是岁，遣大使五威将王骏、西域都护李崇将戊己校尉出西域，诸国皆郊迎贡献焉。诸国前杀都护但钦，骏欲袭之，命佐帅何封、戊己校尉郭钦别将。焉耆诈降，伏兵击骏等，皆死。钦、封后到，袭击老弱，从车师还入塞。莽拜钦为填（镇）外将军，封剿（剿）胡子。何封为集胡男。西域自此绝。

汉书卷九十九下王莽传第六十九下摘录和评注

（天凤）六年［19年］……

[武装危机近乎处处皆有，既在华夏本部，也在帝国边疆：] 是时，关东饥旱数年，力子都等党众浸多，更始将军廉丹击益州不能克，征还。更遣复位后大司马护军郭兴、庸部牧李晔击蛮夷若豆等，太傅牺[羲]叔[太傅的副职]士孙喜清洁[扫除]江湖之盗贼。而匈奴寇边甚。莽乃大募天下丁男及死罪囚、吏民奴，名曰"猪突豨勇"，以为锐卒。一切税天下吏民，訾（资）三十取一，缣帛皆

输长安。令公卿以下至郡县黄绶［指地方官；汉制，比二百石至四百石级别的官吏皆铜印黄绶］皆保养军马，多少各以秩为差。[**不成功的全面平定和征伐转过来导致加诸于社会的沉重负担变得更加沉重。战略乌有，军事闹剧却层出不穷：**]又博募有奇技术可以攻匈奴者，将待以不次［谓越级提拔］之位。言便宜者以万数：或言能度（渡）水不用舟楫，连马接骑，济百万师；或言不持斗粮，服食药物，三军不饥；或言能飞，一日千里，可窥匈奴。莽辄试之，取大鸟翮［hé，鸟翎的茎，翎管］为两翼，头与身皆著毛，通引环纽，飞数百步堕。[**或许这是中国史上最早的飞行器，产自一个荒诞的革命时代！**]莽知其不可用，苟欲获其名，皆拜为理军［新官名，军事参谋］，赐以车马，待发。[**危机中的浮华的篡夺者给那么多浮华的骗子提供了绝好的机会，后者对他滥吹大牛，因为他喜欢听，以便装模作样显得伟大。**]

[**在他那里，战略和策略实属乌有：**]初，匈奴右骨都侯须卜当，其妻王昭君女［即须卜居次］也，尝内附。莽遣昭君兄子和亲侯王歙诱呼当至塞下，胁将诣长安，强立以为须卜善于［王莽对归顺的单于称"善于"］后安公。始欲诱迎当，大司马严尤［**至此，我们已经熟悉这位当时罕见的高官，他有着深刻的战略意识和帝国蛮夷事务经验**］谏曰："当在匈奴右部，兵不侵边，单于动静，辄语中国，此方面［指一方军政事务］之大助也。于今迎当置长安槁街［街道名，在长安

的各族人居住处],一胡人耳,不如在匈奴有益。"莽不听。即得当,欲遣尤与廉丹击匈奴,皆赐姓徵氏 [徵通"惩",惩戒之意],号二徵将军,当诛单于舆 [匈奴呼都而尸单于之名] 而立当代之。出车 [疑作"军"(王先谦说)] 城西横厩,未发。尤素有智略,非莽攻伐四夷,数谏不从,著古名将乐毅、白起不用之意及言边事凡三篇,奏以风谏莽。及当出廷议,尤固言匈奴可且以为后,先忧山东盗贼。[**一种战略,确定战略轻重缓急次序。然而,它遭到怒拒,战略家的职位则被剥夺:**] 莽大怒,乃策尤曰:"视事四年,蛮夷猾夏不能遏绝,寇贼奸宄不能殄灭,不畏天威,不用诏命,貌佷 [hěn,狠也] 自臧 [善也],持必不移,怀执异心,非沮军议。未忍致于理 [指法办],其上大司马武建伯印韨,归故郡。"以降符伯董忠为大司马。

……　……

混合的和情势性的
大战略思想和实践

汉书卷九十四下匈奴传第六十四下摘录和评注

［我们的史家非常深刻的政治论说，基于他和司马迁记录了"现代"的历史经验，论说对待"蛮夷"的合适的战略大方针，特别是对待那些在中国北部和西北部边疆以外的。像他强调的，这方针应当是一种混合的和情势性的，从对"他们"与"我们"之间基本的族裔/文化差异的牢固坚定的理解出发，加上一种由此而来的冷静的意识，即像被应用于"我们"的那样去对他们施以同化或统治是不可能或不大可能的，即使花费了真正巨大的代价。这深刻理解几乎永远地意义重大！］

混合的和情势性的大战略思想和实践

赞曰：《书》戒"蛮夷猾夏"［见《尚书·舜典》；猾，乱也］，《诗》称"戎狄是膺"［见《诗经·鲁颂·閟宫篇》；膺，讨伐］，《春秋》"有道守在四夷"［见《春秋左传》昭公二十三年］，久矣夷狄之为患也！［自公元前11世纪以来，这一直是华夏或中华国度面对的最基本难题之一。］故自汉兴，忠言嘉谋之臣曷尝不运筹策相与争于庙堂［朝廷］之上乎？高祖时则刘敬，吕后时樊哙、季布，孝文时贾谊、朝（晁）错，孝武时王恢、韩安国、朱买臣、公孙弘、董仲舒，人持所见，各有同异，然总其要，归两科而已。［汉初关于这难题的差不多无休止的朝廷辩论。大略地概说，那是持两类基本主张的两类人之间的辩论：一方面是提倡"修文而和亲、卑下而承事"的学者官僚，另一方面是提倡"用武而克伐、威服而臣畜"的武夫军人。然而，他们都暂时地有理和部分地错误，缺乏对那个时代里处理这难题的整个历史经验的恰当理解：］缙绅之儒则守和亲，介胄之士则言征伐，皆偏见一时之利害，而未究匈奴之终始也。自汉兴以至于今，旷世历年，多于春秋，其与匈奴，有修文而和亲之矣，有用武而克伐之矣，有卑下而承事之矣，有威服而臣畜之矣，诎（屈）伸异变，强弱相反，是故其详可得而言也。［整个历史经验是复杂、情势性、能动可变的，因而必定自相矛盾的。］

[作为战略，从高祖到景帝的朝贡和平是因一个特定时期里一种特定形势所迫而必需的，而且远非高效：]昔和亲之论，发于刘敬。是时，天下初定，新遭平城之难，故从其言，约结和亲，赂遗单于，冀以救安边境。孝惠、高后时遵而不违，匈奴寇盗不为衰止，而单于反以加骄倨。逮至孝文，与通关市，妻以汉女，增厚其赂，岁以千金，而匈奴数背约束，边境屡被其害。是以文帝中年，赫然发愤，遂躬戎服，亲御鞍马，从六郡良家材力之士，驰射上林，讲习战陈（阵），聚天下精兵，军于广武，顾问冯唐，与论将帅，喟然叹息，思古名臣。此则和亲无益，已然之明效也。

仲舒亲见四世[高祖、吕后、文帝、景帝]之事，犹复欲守旧文，颇增其约。[武帝初年，儒学大师董仲舒论辩要一种进一步强化的朝贡和平。]以为："义动君子，利动贪人。如匈奴者，非可以仁义说也，独可说以厚利，结之于天耳。故与之厚利以没其意，与盟于天以坚其约，质其爱子以累其心，匈奴虽欲展转，奈失重利何，奈欺上天何，奈杀爱子何！夫赋敛行赂不足以当三军之费，城郭之固无以异于贞士之约[派遣贞士为和亲之约]，而使边城守境之民父兄缓带[解带而寝]，稚子咽哺，胡马不窥于长城，而羽檄不行于中国，不亦便于天下乎！"察仲舒之论，考诸行事，乃知其未合于当时，而有阙于后世也。[董仲舒错了，主要因为（据蕴意）他错误地假定，可以将"我们"持有的对人类事务的一种根本理解应用于"他们"。］当孝武时，虽征伐克获，而士马物故［即死亡］亦略相当；虽开河南之野，建朔方之郡，亦弃造阳之北九百余里。［**虽然这两句字面上似乎指匈奴无可改变的残忍凶恶，但就如下面一句讲的那样，它们也间接地指出战争霸王搞的那类全面武力征服在代价意义上绝不可取。**］匈奴人民每来降汉，单于亦辄拘留汉使以相报复，其桀骜尚如斯，安肯以爱子而为质乎？此不合当时之言也。若不置质，空约和亲，是袭孝文既往之悔，而长匈奴无已之诈也。夫边城不选守境武略之臣，修障隧（燧）备塞之具，厉（砺）长戟劲弩之械，恃吾所以待边寇，而务赋敛于民，远行货赂，割剥百姓，以奉寇雠。信甘言，守空约，而几胡马之不窥，不已过乎！

至孝宣之世，承武帝奋击之威，直（值）匈奴百年之运，因其坏乱几（近）亡之厄，权时施宜［**好战略的根本；宣帝那类情势性的和混合的战略大方针**］，覆以威德，然后单于稽首臣服，遣子入侍，三世称藩，宾于汉庭。是时，边城晏闭，牛马布野，三世［即元、成、哀三世］无犬吠之警，黎庶亡（无）干戈之役。［**在有"武帝奋击之威"以后，宣帝的好战略导致了真正漫长的和平、非朝贡式的和平，且有匈奴"三世称藩、宾于汉庭"的华夏帝国**

光荣。]

后六十余载之间，遭王莽篡位，始开边隙，单于由是归怨自绝，莽遂斩其侍子，边境之祸拘矣。故呼韩邪始朝于汉，汉议其仪，而萧望之曰："戎狄荒服，言其来服荒忽无常，时至时去，宜待以客礼，让而不臣。如其后嗣遁逃窜伏，使于中国不为叛臣。"[**萧望之这著名的学者大臣懂得一种古老战略智慧的"秘密"，那从对"他们"与"我们"之间基本的族裔/文化差异的牢固坚定的理解出发，加上一种由此而来的冷静的意识，即像被应用于"我们"的那样去对"他们"施以同化或统治是不可能、经不起和不可行的。**] 及孝元时，议罢守塞之备，侯应以为不可，可谓盛不忘衰，安必思危，远见识微之明矣。[**和平繁荣时期总是要保持"我们的"边境防御，同样因为"他们"不是"我们"，即使浪漫地设想"我们"本质上对我们自己是儒仁和平的。**] 至单于咸弃其爱子，昧[贪也]利不顾，侵掠所获，岁巨万计，而和亲赂遗，不过千金，安在其不弃质而失重利也？仲舒之言，漏（陋）于是矣。

[**最重要的一段，在我们史家的这意义重大的论说中：**] 夫规事建议，不图万世之固，而媮（偷）恃一时之事者，未可以经远也。若乃征伐之功，秦、汉（武帝）行事，（莽将）严尤论之当矣。[**武帝的大方针现在遭到**

◈ 混合的和情势性的大战略思想和实践 ◈

明确的批评！]①故先王度土，中立封畿，分九州，列五服，物土贡，制外内，或修刑政，或昭文德，远近之势异也。[**古老的政治/战略智慧，基于一种混合的和情势性的思想和实践方针**。]是以《春秋》内诸夏而外夷狄，夷狄之人贪而好利，被发左衽，人面兽心，其与中国殊章服，异习俗，饮食不同，言语不通，辟居北垂寒露之野，逐草随畜，射猎为生，隔以山谷，雍以沙幕（漠），天地所以绝外内地。[**这一非常经久的、在个别要素上极端偏颇甚而荒诞的族裔/文化偏见性信念，仍然蕴含一项重大的真理，那就是在"他们"与"我们"之间，确实有基本的族裔/文化/地理差异**。][**从这出发，必须有一种混合的和情势性的大方针，内含合适的"硬"、"软"成分去将他们当作**不同的人民对待和对付，永不梦想华夏或中国对它们的统治能是较高效的和可行的，近乎对我们华夏人或中国人自己的统治那样：]是故圣王禽兽畜之，不与约誓，不就攻伐；约之则费赂而见

---

① 《汉书·匈奴传下》载王莽手下将领严尤谏莽曰："臣闻匈奴为害，所从来久矣，未闻上世有必征之者也。后世三家周、秦、汉征之，然皆未有得上策者也。周得中策，汉得下策，秦无策焉。当周宣王［前828—前789年在位］时，猃允内侵，至于泾阳，命将征之，尽境而还。其视戎狄之侵，譬犹蚊虻之螫，驱之而已。故天下称明，是为中策。**汉武帝选将练兵，约赍轻粮，深入远戍，虽有克获之功，胡辄报之，兵连祸结三十余年，中国罢（疲）耗，匈奴亦创艾，而天下称武，是为下策**。秦始皇不忍小耻而轻民力，筑长城之固，延袤万里，转输之行，起于负海，疆境既完，中国内竭，以丧社稷，是为无策。"

欺，攻之则劳师而招寇。其地不可耕而食也，其民不可臣而畜也，是以［结合起来的诸项具体政策：］外而不内，疏而不戚［亲近］，政教不及其人，正朔［谓历法］不加其国；来则惩而御之，去则备而守之。其慕义而贡献，则接之以礼让，羁縻不绝，使曲在彼，盖圣王制御蛮夷之常道也。①

史记之列传五十二平津侯主父列传摘录和评注

［主父偃：一颗决策明星，急剧腾升，急剧陨落，腾升是因为他的决绝努力和辉煌智力，陨落是因为他的势利狭窄、权力执迷和耿耿报复心。他的《推恩令》决策建议解决了同姓王国这经久的帝国难题，大大促进了皇帝中央集权。一位"未官僚化"的官僚，暴发型赌徒，与决定性地促成了他的暴死的公孙弘完全不同。］

……………

［主父偃建议在与匈奴的关系中继续既有的朝贡和

---

① 《后汉书·南蛮西南夷列传》载：顺帝永和元年［136年］，武陵太守上书，以蛮夷率服，可比汉人，增其租赋。议者皆以为可。尚书令虞诩独奏曰："自古圣王，不臣异俗，非德不能及，威不能加，知其兽心贪婪，难率以礼。**是故羁縻而绥抚之，附则受而不逆，叛则弃而不追**。先帝旧典，贡税多少，所由来久矣。今猥增之，必有怨叛。计其所得，不偿所费，必有后悔。"帝不从。其冬，澧中、溇中蛮果争贡布非旧约，遂杀乡吏，举种反叛。明年春，蛮二万人围充城，八千人寇夷道。

混合的和情势性的大战略思想和实践

平:] 司马法[《司马穰苴兵法》]曰:"国虽大,好战必亡;天下虽平,忘战必危。"[**两项永久的治国方略原则被概括在这格言中。**] 天下既平,天子大凯,◇集解应劭曰:"大凯,周礼还师振旅之乐。"春蒐秋狝,诸侯春振旅,秋治兵,所以不忘战也。[**他在此的压倒性的侧重是"国虽大,好战必亡",其时汉帝国对匈奴帝国的大规模进攻仍待未来,七年后的未来:**] 且夫怒者逆德也,兵者凶器也,争者末节也。古之人君一怒必伏尸流血,故圣王重行之。夫务战胜穷武事者,未有不悔者也。昔秦皇帝任战胜之威,蚕食天下,并吞战国,海内为一,功齐三代。务胜不休,欲攻匈奴,李斯谏曰:"不可。夫匈奴无城郭之居,委积之守,迁徙鸟举,难得而制也。轻兵深入,粮食必绝;踵粮以行,重不及事。得其地不足以为利也,遇其民不可役而守也。胜必杀之,非民父母也。靡弊○索隐靡音糜。弊犹凋敝也。中国,快心匈奴,非长策也。"秦皇帝不听,遂使蒙恬将兵攻胡,辟地千里,以河为境。[**他将李斯的战略消极拿出来作为有力的论说,但却完全不提匈奴对华夏边疆地区经久的侵略性蹂躏。**] 地固泽卤,◇集解瓒[瓚]曰:"其地多水泽,又有卤。"不生五谷。然后[**例解1:维持战略前沿边疆的成本对秦来说确实巨大**(战略是个成本效益问题,而效益可以是(在其他之外)按照防止相反情况下必有的成本和损失去界定的）：] 发天下丁男以守北河。暴兵露师十有余年，死者不可胜数，终不能逾河而北。是岂人众不足，兵革不备哉？其势不可也。又使天下蜚刍挽［挽］粟，◇集解文颖曰："转刍谷就战是也。"起于黄、腄、◇集解徐广曰："腄在东莱，音縋。"琅邪负海之郡，转输北河，率三十锺而致一石。男子疾耕不足于粮饷，女子纺绩不足于帷幕。百姓靡敝，孤寡老弱不能相养，道路死者相望，盖天下始畔（叛）秦也。

[**例解 2：汉高祖失败了的征伐和他成功的绥靖：**] 及至高皇帝定天下，略地于边，闻匈奴聚于代谷之外而欲击之。御史成进谏曰："不可。夫匈奴之性，兽聚而鸟散，从之如搏影。今以陛下盛德攻匈奴，臣窃危之。"高帝不听，遂北至于代谷，果有平城之围。高皇帝盖悔之甚，乃使刘敬往结和亲之约，然后天下忘干戈之事。[**在此的战略消极主张或论辩同样完全不提匈奴帝国对华夏边疆地区的入侵和蹂躏。**] 故兵法曰"兴师十万，日费千金"。夫秦常积众暴兵数十万人，虽有覆军杀将系（羁）虏单于之功，亦适足以结怨深雠，不足以偿天下之费。[**战略是个成本效益问题。**] 夫上虚府库，下敝百姓，甘心于外国［国外］，非完事也。夫匈奴难得而制，非一世也。行盗侵驱，所以为业也，天性固然。上及虞夏殷周，固弗程督，禽兽畜之，不属为

人。[儒家和前儒家的族裔/文化歧视世界观在此被援引来，支持主张战略消极的论辩。]夫上不观虞夏殷周之统，而下（不观）近世之失，此臣之所大忧，百姓之所疾苦也。且夫兵久则变生，事苦则虑易。乃使边境之民弊靡愁苦而有离心，将吏相疑而外市，◇集解张晏曰："与外国交求利己，若章邯之比。"故尉佗、章邯得以成其私也。夫秦政之所以不行者，权分乎二子，此得失之效也。故周书曰"安危在出令，存亡在所用"。原（愿）陛下详察之，少（稍）加意而熟虑焉。[这项主张继续初汉的绥靖和朝贡和平的建议对武帝远不是非常有吸引力，后者将在翌年倾向于占少数的主战派，去发动他的首次但徒劳的对匈奴大规模进攻。详见《史记·匈奴列传》]

汉书卷九十四上匈奴传第六十四上摘录和评注

……　……

[匈奴帝国已被击破，匈奴人众精疲力竭；另一方面，华夏的战争霸王与世长辞，留下了一个多少类似地破了产的帝国国家。因此，两大"民族"间一种总的体制性和平（institutional peace）的首要条件已经具备。虽然，其余不会很快实现（上）：]

贰师在匈奴岁余，卫律①害其宠［前云"贰师降。单于素知其汉大将贵臣，以女妻之，尊宠在卫律上"］，会母阏氏病，律饬（敕）胡巫言先单于怒，曰："胡故时祠兵，常言得贰师以社，今何故不用？"于是收贰师，贰师骂曰："我死必灭匈奴！"遂屠贰师以祠。**［这个恶棍和叛徒的极其可怕的终结；他在汉与匈奴两个宫廷中的命运都何等急剧、易变和与迷信相连！］**会连雨雪数月，畜产死，人民疫病，谷稼不熟，单于恐，为贰师立祠室。

［双方都精疲力尽，加上能靠胡乱剥夺以凑合战争资源去一度克服耗竭的战争霸王已经逝去，因而事实上的和平（de facto peace）甚而更多就有了一项可靠的条件：］自贰师没后，汉新失大将军士卒数万人，不复出兵。三岁，武帝崩［在前87年］。前此者，汉兵深入穷追二十余年，匈奴孕重惰殰［谓牲畜堕胎］，罢（疲）极苦之。自单于以下常有欲和亲计。

［**然而**］后三年，单于欲求和亲，会病死。**［而且，更多的复杂性出自游牧族血腥内斗（stasis），那由于游牧族的政治制度远非那么体制化而往往盛行：］**初，单于有异

---

① 卫律，约活动于武帝和昭帝时期。本是匈奴人，生长在汉并为朝廷官员。与李广利、李延年兄弟交情颇好，因此李延年曾举荐卫律出使匈奴。李延年因"女弟李夫人卒后（武帝）爱弛"（《史记·佞幸列传》）而被捕受诛，卫律怕被株连便投降匈奴，被且鞮侯单于封为丁零王。"卫律在时，常言和亲之利，匈奴不信"（《汉书·匈奴传》）。

◆ 混合的和情势性的大战略思想和实践 ◆

母弟为左大都尉，贤，国人乡（向）之，母阏氏恐单于不立子而立左大都尉也，乃私使杀之。左大都尉同母兄怨，遂不肯复会单于庭。又单于病且死，谓诸贵人："我子少，不能治国，立弟右谷蠡王。"及单于死，卫律等与颛渠阏氏谋，匿单于死，诈矫单于令，与贵人饮盟，更立子左谷蠡王为壶衍鞮单于。是岁，始元二年也［前85年］。

［内斗导致根本的政策瘫痪和"民族"的分裂，因而进一步减小了与汉帝国实现体制性和平的前景：］壶衍鞮单于既立，风谓汉使者，言欲和亲。左贤王、右谷蠡王以不得立怨望，率其众欲南归汉。恐不能自致，即胁卢屠王，欲与西降乌孙，谋击匈奴。卢屠王告之，单于使人验问，右谷蠡王不服，反以其罪罪卢屠王，国人皆冤之。于是二王去居其所，未尝肯会龙城［谓不参加龙城祭祀］。

［匈奴人众精疲力竭，而华夏的战争霸王留下了一个多少类似地破了产的帝国国家。因此，两大"民族"间一种总的体制性和平（institutional peace）的首要条件已经具备。虽然，其余不会很快实现（中）：］

［军事冲突重起，间断地，并且大多以显著较小的规模：］

后二年秋，匈奴入代，杀都尉。单于年少初立，母阏氏不正，国内乖离，常恐汉兵袭之。[**间断地，颇大程度上是因为匈奴人长期以来反复从一端荡到另一端，缺乏被牢固确定的战略或基本取向：**]于是卫律为单于谋："穿井筑城，治楼以藏谷，与秦人[指在匈奴的汉人]守之。汉兵至，无奈我何。"即穿井数百，伐材数千。或曰胡人不能守城，是遗汉粮也，卫律于是止，乃更谋归汉使不降者苏武、马宏等。马宏者，前副光禄大夫王忠使西国，为匈奴所遮，忠战死，马宏生得，亦不肯降。故匈奴归此二人，欲以通善意。是时[前81年]，单于立三岁矣。

明年[前80年]，匈奴发左右部二万骑，为四队，并入边为寇。汉兵追之，斩首获虏九千人，生得瓯脱王，汉无所失亡。匈奴见瓯脱王在汉，恐以为道（导）击之，即西北远去，不敢南逐水草，发人民屯瓯脱。明年，复遣九千骑屯受降城以备汉，北桥余吾，令可度（渡），以备奔走[退走]。是时，卫律已死。卫律在时，常言和亲之利，匈奴不信，及死后，兵数困，国益贫。[**间断不止的军事入侵和冲突反过来加剧了"民族"耗竭，因而也加强了（体制性）和平倾向：**]单于弟左谷蠡王思卫律言，欲和亲而恐汉不听，故不肯先言，常使左右风汉使者。然其侵盗益希（稀），遇汉使愈厚，欲以渐致和亲，汉亦羁縻之。[**"羁縻"：或许在昭帝和伟大摄政霍光之下，汉帝国有这么一种战略方式，加上武装防御和间断性的有限反征伐**

◈ 混合的和情势性的大战略思想和实践 ◈

（counter-expedition），**以对付犹豫不决的游牧敌手**。] 其后，左谷蠡王死。明年，单于使犁汗 [周寿昌曰犁汗是匈奴右谷蠡庭所属地] 王窥边，言酒泉、张掖兵益弱，出兵试击，冀可复得其地。时汉先得降者，闻其计，天子诏边警备。后无几，右贤王、犁汗王四千骑分三队，入日勒、屋兰、番和 [三县名，分别在今甘肃永昌西北、张掖东南和永昌]。张掖太守、属国都尉发兵击，大破之，得脱者数百人。属国千长 [千人之长；《续志》张掖属国有千人官] 义渠王骑士射杀犁汗王……自是后，匈奴不敢入张掖。

其明年 [前78年]，匈奴三千余骑入五原，略（掠）杀数千人，后数万骑南旁（傍）塞猎，行攻塞外亭障，略（掠）取吏民去。是时，汉边郡烽火候望精明，匈奴为边寇者少利，希（稀）复犯塞。[**依凭其"低烈度战争方式"，匈奴人无法挣脱出他们的凋敝和战略困境**。] 汉复得匈奴降者，言乌桓尝发先单于冢，匈奴怨之，方发二万骑击乌桓。大将军霍光欲发兵邀击之，以问护军都尉赵充国①。充国以为："乌桓间 [近来] 数犯塞，今匈奴击之，于汉便。又匈奴希（稀）寇盗，北边幸无事。蛮夷自相攻击，而发兵要（邀）之，招寇生事，非计

---

① 赵充国：一位在对付（当然包括征伐）北方和西方"蛮夷"方面非常能干的将帅，有其杰出的政治头脑、军事才能和地缘战略知识。他或可被认作中国所曾产生过的最佳军人之一。见《汉书·赵充国辛庆忌传》。

也。"["分而治之""以夷制夷"而不"招寇生事"。然而，这是一项被拒绝了的明智的建议：]光更问中郎将范明友，明友言可击。于是拜明友为度辽将军，将二万骑出辽东。匈奴闻汉兵至，引去。初，光诫明友："兵不空出，即后匈奴[意谓发兵迟后，邀击匈奴不及]，遂击乌桓。"乌桓时新中匈奴兵[为匈奴兵中伤]，明友既后匈奴，因乘乌桓敝，击之，斩首六千余级，获三王首，还，封为平陵侯。[这场对一个游牧族敌人的军事胜利的代价如何？这敌人本来很可能败在已经不成为汉帝国的紧要威胁的另一个游牧族手里。]

[匈奴人众精疲力竭，而华夏的战争霸王留下了一个多少类似地破了产的帝国国家。因此，两大"民族"间一种总的体制性和平（institutional peace）的首要条件已经具备。虽然，其余不会很快实现（下）：]

[匈奴人即兴式地确定了他们的战略或战略取向，即西向偏转，去攻击汉帝国的一个附庸国。对其西域宗主控制（suzerain control）的这一威胁迫使新登基的宣帝发动征伐，一场超大规模的远程战争，以击碎匈奴。与前十年的相比，这是一个重大的战略变更：]

匈奴由是恐，不能出兵。即使使之（至）乌孙，求欲得汉公主。击乌孙，取车延、恶师地。乌孙公主上书，下公卿议救，未决［时为前74年］。昭帝崩，宣帝即位，乌孙昆弥复上书，言："连为匈奴所侵削，昆弥愿发国半精兵人马五万匹，尽力击匈奴，唯天子出兵，哀救公主！"本始二年［前72年］，汉大发关东轻锐士，选郡国吏三百石伉健习骑射者，皆从军。遣御史大夫田广明为祁连将军，四万余骑，出西河；度辽将军范明友三万余骑，出张掖；前将军韩增三万余骑，出云中；后将军赵充国为蒲类将军，三万余骑，出酒泉；云中太守田顺为虎牙将军，三万余骑，出五原：凡五将军，兵十余万骑，出塞各二千余里。[**华夏民族到那时为止曾有的最大规模远征**。] 及校尉常惠使护发兵乌孙西域［此处文理不顺。王念孙曰："案：此句颠倒不成文理。当云'使护乌孙，兵发西域'。"］，昆弥自将翕侯以下五万余骑从西方入，与五将军兵凡二十余万众。[**联盟大军拥有压倒性的兵力数量优势。匈奴人除了逃跑和被追击外别无选择：**] 匈奴闻汉兵大出，老弱奔走，驱畜产远遁逃，是以五将少所得。

度辽将军［范明友］出塞千二百余里，至蒲离候水［地不明］，斩首捕虏七百余级，卤（掳）获马、牛、羊万余。前将军［韩增］出塞千二百余里，至乌员［地不明］，斩首捕虏，至候山［地不明］百余级，卤（掳）马、牛、羊二千余。蒲类将军［赵充国］兵当与乌孙合击匈奴蒲类泽［今新疆巴里坤哈萨克自治县境之巴里坤湖］，乌孙先期至而去，汉兵不与相及。[**克劳塞维茨式"摩擦"**（Clausewitzian friction），**当军队分属不同的族裔—文化时更是大有可能。**]蒲类将军出塞千八百余里，西去候山，斩首捕虏，得单于使者蒲阴王以下三百余级，卤（掳）马、牛、羊七千余。闻虏已引去，皆不至期还。[**虽然得胜，但在某种意义上整个这大规模战役或战争证明是一场巨大的克劳塞维茨式"摩擦"。**]天子薄其过，宽而不罪。祁连将军[田广明]出塞千六百里，至鸡秩山[地不明]，斩首捕虏十九级，获牛、马、羊百余。逢汉使匈奴还者冉弘等，言鸡秩山西有虏众，祁连即戒弘，使言无虏，欲还兵。御史属公孙益寿谏，以为不可，祁连不听，遂引兵还。① 虎牙将军[田顺]出塞八百余里，至丹余吾水[地不明]上，即止兵不进，斩首捕虏千九百余级，卤（掳）马、牛、羊七万余，引兵还。上以虎牙将军不至期，诈增卤（掳）获，而祁连知虏在前，逗遛[留]不进，皆下吏自杀。擢公孙益寿为侍御史。校尉常惠与乌孙兵至右谷蠡庭，获单于父行[父辈]及嫂、居次[匈奴王女之号，犹汉称公主]、名王、犁汙都尉、千长、将[当作"骑将"，王

---

① 《汉书·酷吏传》载：田广明"以祁连将军将兵击匈奴，出塞至受降城[在长城北，今内蒙古乌拉特中后联合旗东]。受降都尉前死，丧柩在堂，广明召其寡妻与奸。[**人类弱点狂野地表现！他最终证明是个不完全的酷吏。**]既出不至质[指原誓师欲到处之处]，引军空还。下太仆杜延年簿责，广明自杀阙下，国除。"

先慎云〕以下三万九千余级,虏马、牛、羊、驴、骡、橐驼七十余万。[显然,(游牧)"蛮夷"在攻击临近类似的蛮夷方面远为娴熟和高效。就此而言,军事行为确实在实质上是文化规定的。]汉封惠为长罗侯[军事外交家常惠功高灿烂]。然匈奴民众死伤而去者,及畜产远移死亡不可胜数。[匈奴人现在被决定性地击碎,在他们的帝国半个世纪前被战争霸王武帝击破之后。]于是匈奴遂衰耗,怨乌孙。

[他们的大灾难仍然没有尽头:]其冬[前71年],单于自将万骑击乌孙,颇得老弱,欲还。会天大雨雪,一日深丈余,人民畜产冻死,还者不能什一。于是丁令乘弱攻其北,乌桓入其东,乌孙击其西。凡三国所杀数万级,马数万匹,牛羊甚众。又重以饿死,人民死者什三,畜产什五,匈奴大虚弱,诸国羁属者皆瓦解,攻盗不能理。其后汉出三千余骑,为三道,并入匈奴,捕虏得数千人还。匈奴终不敢取当[犹取偿],兹欲乡(向)和亲,而边境少事矣。

[接着,在近20年的较小起伏波动、包括匈奴人的内部分裂和"内战"之后,伴随汉帝国的包容性/协调性外交,基于华夏的压倒性实力优势的体制性和平最终确立。那是他们的朝贡和平,同时不再有华夏帝国与蛮夷匈奴人之间的、初汉在大约一个世纪里有的平等("昆弟")观念,一旦它取得了不遭质疑的力量优势。]

[最后，宣帝去世前3年，在中国历史上第一次，出现了"中华帝国"对北方/西北方"蛮夷"拥有帝国宗主权的一幅繁华浮盛的图景。①]

汉书卷九十六上西域传第六十六上摘录和评注

[《汉书·西域传》全篇（上、下）是我们的史家班固继司马迁《史记·大宛列传》之后的一项伟大贡献，贡献于较晚近获得的、关于帝国工事链防御体系以外的广袤西北的地理、族裔和社会/政治情势的华夏知识，贡献于关于华夏帝国与它的复杂关系的历史编纂。]

[这里说的"复杂"至关紧要。它指这些关系的混合和不那么稳定的基本性质，即在不同时期或时代的且有关许许多多不同实体的统治、宗主/附庸或事实上的或正式的（de facto or de jure）独立。]

---

① 《汉书·宣帝纪》载：(甘露) 三年 [前52年] ……匈奴呼韩邪单于稽侯狦 [呼韩邪单于之名] 来朝，赞谒 [yè] 称藩臣而不名。赐以玺绶、冠带、衣裳、安车、驷马、黄金、锦绣、缯絮。使有司道（导）单于先行就邸长安，宿长平。上自甘泉宿池阳宫。上登长平阪，诏单于毋谒 [毋谒：不拜见]。其左右当户 [左右当户：匈奴官名] 之群皆列观，蛮夷君、长、王、侯迎者数万人，夹道陈。上登渭桥，咸称万岁。单于就邸。置酒建章宫，飨赐单于，观 [示] 以珍宝。

二月，单于罢归。遣长乐卫尉高昌侯忠、车骑都尉昌、骑都尉虎将万六千骑送单于。单于居幕（漠）南，保光禄城 [在今内蒙古包头市西北]。……郅支单于远遁，匈奴遂定。

［西域：定义、地理位置和总的地形，连同从"中国本部"经过西域到外部远西的诸主要通道：］

西域［汉对玉门关以西相关地区的总称］以孝武时始通，本三十六国，其后稍分至五十余。［一个内部就族裔和政治实体来说那么多样和零碎的世界。因而，与对它以东各地区的控制相比，华夏帝国对它的控制必然远不那么紧实、划一和有效。］皆在匈奴之西，乌孙之南。南北有大山［南为昆仑山，北为天山］，中央有河［塔里木河］，东西六千余里，南北千余里。东则接汉，厄以玉门、阳关［分别在今甘肃敦煌西北和西南］，西则限以葱岭［帕米尔高原东部群山之总称］。其南山，东出金城［郡名，在今甘肃永靖西北］，与汉南山属焉。其河有两原（源）：一出葱岭山，一出于阗［国名，在今新疆和田一带］。于阗在南山下，其河北流，与葱岭河合，东注蒲昌海［今罗布泊］。蒲昌海，一名盐泽者也，去玉门、阳关三百余里，广袤三四百里。其水亭居［谓水不流动］，冬夏不增减，皆以为潜行地下，南出于积石［山名，在今青海省东南部，即今阿尼玛卿山］，为中国河［黄河］云。

自玉门、阳关出西域有两道。从鄯善傍南山北，波河［沿河］西行至莎车，为南道；南道西逾葱岭则出大月氏、安息。自车师前王廷（庭）［车师前王国的都城，当时名交河城，在今新疆吐鲁番西］随北山，波河［沿河］西行至疏勒

［国名，都于疏勒（今新疆喀什市）］，为北道；北道西逾葱岭则出大宛［国名，在今中亚费尔干纳盆地。王治贵山城（今中亚卡散赛）］、康居［国名，在乌孙之西，约在今巴尔喀什湖和咸海之间，王都在卑阗城］、奄蔡［古族名，约分布于今咸海至顿河下游一带］焉。

［"大"地理（"Grand" geography）一直是"大"历史编纂的一个基础，就像在希罗多德《历史》中一样。我们的史家班固做的一个那么宏大简洁以致壮丽的概述。］

［西域"史前史"，主要由匈奴规定：］

西域诸国大率土著［定居］，有城郭田畜，与匈奴、乌孙异俗［**它们大体上不是游牧的；多少有如（古希腊内陆）的各小城邦，有着或广袤或狭窄的乡野僻壤（hinterland）**］，故皆役属匈奴。匈奴西边日逐王置僮仆都尉，使领西域［**匈奴人的帝国统治是真正地（依字面地）对奴隶和奴仆的某种役使！**］，常居焉耆［国名，在今新疆焉耆一带］、危须［国名，在今新疆焉耆东北］、尉黎［亦作尉犁，国名，在今新疆焉耆西南一带］间，赋税诸国，取富给焉。

自周衰，戎狄错居泾渭［二水名，在今陕西省境］之北。及秦始皇攘却戎狄，筑长城，界中国，然西不过临洮［县名，今甘肃岷县］。

混合的和情势性的大战略思想和实践

["中国西域"的一番概史，从武帝扩张（与他击破匈奴帝国密切相关）到稍过一个世纪之后西汉终了为止。远程征伐、探险外交、领土扩张、战略移民和设立帝国总督即"西域都护"：]

汉兴至于孝武[**决定性的扩张主义战争霸王**]，事征四夷，广威德，而张骞始西域之迹。其后骠骑将军[霍去病]击破匈奴右地，降浑邪、休屠王，遂空其地，始筑令居[县名，在今甘肃永登西]以西，[**领土扩张：**]初置酒泉郡，后稍发徙民充实之，分置武威、张掖、敦煌，列四郡，据两关[玉门关、两关]焉。[**宗主/附庸关系相当有限的肇始，与在西域的某种统治元素相混合：**]自贰师将军伐大宛之后，西域震惧，多遣使来贡献。[**那场在远西的荒诞的大规模征伐战争的一个深远的副产品。**]汉使西域者益得职[称职之意]。于是自敦煌西至盐泽[今罗布泊]，往往起亭，而轮台[地名，在今新疆轮台东南]、渠犁[国名，在今新疆库尔勒至尉犁一带]皆有田卒数百人，置使者校尉领护，以给使外国者。[**设立一连串小的后勤据点，以便供给汉帝国使者。**]

[**宣帝之下宗主/附庸关系的正式发动，夹杂有某种统治元素：**]

至宣帝时，遣卫司马使护鄯善以西数国。及破姑师[国名，在今新疆吐鲁番、奇台等一带]，未尽殄，分以为车师前后王（国）及山［天山、博格多山脉］北六国［即东且弥、西且弥、卑陆、卑陆后国、蒲类、蒲类后国］。**［真正（字面）意义上的帝国"分而治之"。］** 时汉独护南道，未能尽并北道也，然匈奴不自安矣。其后日逐王畔（叛）单于，将众来降，护鄯善以西使者郑吉迎之。既至汉，封日逐王为归德侯，吉为安远侯。是岁，神爵三年［前59年］也。乃因使吉并护北道，故号曰都护［总护南北道之意］。都护之起，自吉置矣。**［设立帝国（军政）总督即西域都护。］** 僮仆都尉由此罢，匈奴益弱，不得近西域。**［帝国间的零和游戏！］** 于是徙屯田，田于北胥鞬［地名，徐松疑其在车师境］，披莎车之地，屯田校尉始属都护。都护督察乌孙、康居诸外国动静，有变以闻。可安辑，安辑之；可击，击之。**［这总督看似被赋予很大的随机处置权（因为太远离帝国中央）。］** 都护治乌垒城［在今新疆轮台东北］，去阳关二千七百三十八里，与渠犁田官相近，土地肥饶，于西域为中，故都护治焉。

至元帝时，复置戊己校尉［掌管西域屯田事务，为屯田区最高长官；戊己，居中之意］，屯田车师前王庭。……

自宣、元后，单于称藩臣，西域服从。其土地山川、王侯户数、道里远近，翔（详）实矣。**［权势与知识。权势导致增长了的知识，增长了的知识则加强权势。］**

……

汉书卷七十八萧望之传第四十八摘录和评注

[萧望之：儒家所曾产生过的最好的饱学官僚之一，至少是就汉帝国的几世纪期间而言。他无保留地忠于他的伟大君主宣帝，正直但非刻板的道德主义，非常饱学却同时也在操作政治/战略和"外交"事务方面足有才智和能干，无可置疑地勇敢但少了一点额外的灵活。这缺点使他——一位战略儒士——被险恶的宦官和外戚击败，并且事实上被他们杀害，后者在他的老主公的继位者元帝（讽刺性地以"柔仁好儒"为特征）之下权势炙人。]

……………

[他获晋升，回到中央朝廷。在那里，他起的最显著作用是在处理蛮夷事务方面：]

先是，乌孙昆弥翁归靡因［经过］长罗侯常惠上书，愿以汉外孙元贵靡为嗣，得复尚［娶］少主［少公主］，结婚内附，畔（叛）去匈奴。诏下公卿议，望之以为乌孙绝域［异常边远］，信其美言，万里结婚，非长策也。天子不听。神爵二年［前60年］，遣长罗侯惠使送公主配元贵靡。未出塞，翁归靡死，其兄子狂王背约自立。惠从塞下上书，愿留少主敦煌郡。惠至乌孙，责以负约，因立元贵靡，还迎少主。诏下公卿议，望之复以为："不可。乌孙持两端，亡［无］坚约，其效可见。前少主在乌孙四十余年，恩爱不亲密，边境未以安，此已事之验也。今少主以元贵靡不得立而还，信无负于四夷，此中国之大福也。少主不止，繇（徭）役将兴，其原（源）起此。"天子从其议，征少主还。后乌孙虽分国两立，以元贵靡为大昆弥，汉遂不复与结婚。[**他的"蛮夷"事务主张这回可能较对。对附庸内政的统治是过分的，而且可能代价高昂。**]

三年［前59年］，代丙吉为御史大夫。[**他终于成了两个最高文臣之一。**]五凤［前57—前54年］中匈奴大乱，议者多曰匈奴为害日久，可因其坏乱举兵灭之。诏遣中朝大司马车骑将军韩增、诸吏［诸文臣］富平侯张延寿、光禄勋杨恽、太仆戴长乐问望之计策，望之对曰："《春秋》晋士匄［gài］帅师侵齐，闻齐侯卒，引师而还，君子大其不伐丧，以为恩足以服孝子，谊足以动诸侯。前单于慕化乡（向）善称弟，遣使请求和亲，海内欣然，夷狄莫不闻。未终奉约，不幸为贼臣所杀，今而伐之，是乘乱而幸灾也，彼必奔走远遁。不以义动兵，恐劳而无功。宜遣使者吊问，辅其微弱，救其灾患，四夷闻之，咸贵中国之仁义。如遂蒙恩得复其位，必称臣服从，此德之盛也。"[**在此，道德主义的儒家论辩大概实际上是从成本效益的战略考虑出发。**]上从其议，后竟遣兵护辅呼韩邪单于定其国。

······ ······

［他开始走下坡路，首次招致宣帝的不悦，继而其谴责和贬抑，为的是他业已形成的个人傲慢和不规；可是，事情最终证明他仍享有他的根本信任，政治的和个人的信任：］

······［然而，他仍能作出确富才智和不同凡俗的重大的政治/外交建议，并使之在朝廷占上风：］初，匈奴呼韩邪单于来朝，诏公卿议其仪，丞相霸、御史大夫定国议曰［**华夏一大传统信条（儒家和"前儒家"信条）的典型表达，亦即华夏优越、"蛮夷"低贱信条**］："圣王之制，施德行礼，先京师而后诸夏，先诸夏而后夷狄。……陛下圣德充塞天地，光被四表，匈奴单于乡（向）风慕化，奉珍朝贺，自古未之有也。其礼仪宜如诸侯王，位次在（诸侯王）下。"望之以为［**他确实是个通情达理的儒士，有他的逾越儒家本身局限的经验性常识（common sense）**］："单于非正朔所加［不实行华夏历法制度］，故称敌国，宜待以不臣之礼［**武帝以前，初汉一直有讲求实际的另一种传统——"汉与匈奴为昆弟"；这族裔/文化平等主义看来仍留在我们的战略儒士的心中**］，位在诸侯王上。外夷稽首称藩，中国让而不臣，此则羁縻之谊，谦亨之福也。［**虽然仍有浮言虚辞似的华夏优越论作为某种表饰，但实质是战略实用主义**］。《书》曰'戎狄荒服'，言其来服，荒忽亡［无］常。如使［假如］匈奴后嗣卒有鸟窜鼠伏，阙（缺）于朝享，（则）不为畔（叛）臣。……"天子采之，下诏曰："盖闻五帝、三王教化所不施，不及以政。今匈奴单于称北藩，朝正朔［定时来朝拜］，朕之不逮［力所不及］，德不能弘覆。[**伴有经典话语（儒家和"前儒家"话语）的战略现实主义。**] 其以客礼待之，令单于位在诸侯王上，赞谒称臣而不名［行礼谒见时称臣而不称名字］。"

及宣帝寝疾，选大臣可属者，引外属［外戚］侍中乐陵侯史高、太子太傅望之、少傅周堪至禁中，拜高为大司马车骑将军，望之为前将军光禄勋，堪为光禄大夫，皆受遗诏辅政，领尚书事。[**他仍享有他的伟大主公的根本和最终的信任，既是政治的，也是个人的！**]

后汉书卷一下光武帝纪第一下摘录和评注

[光武帝刘秀，一个延续近两个世纪（195年）的统一的华夏王朝帝国的创始者：马基雅维里因其创建国家而最赞颂的一类政治人物，何况在他那里创建的是一个颇为长寿的帝国国家。]

[他不得不既依凭武力，也依凭外交，去对付沿帝国周边内外两侧的、进行扰乱甚或入侵和劫掠的"蛮夷"（特别是匈奴人和西南夷），他们被先前的疯狂的篡夺者大

◆ 混合的和情势性的大战略思想和实践 ◆

大侵扰和侮辱。他还不得不去恢复被极可怕地损害了的凋敝的华夏社会。在他应对这些艰难任务的表现上，他不断显示出来的 virtù，即马基雅维里式美德（英勇实践禀性）确实令人印象深刻，而且某些就儒家理念而言最好的品格也是如此：军事骁勇，政治明智，还有近乎不断的、伴之以伟大社会政策的对华夏草根民众的关切。如同他曾说的和下面被记录的，"吾理天下，亦欲以柔道行之。"一个帝国颇为特殊的创建者。]

…… ……

（建武）六年［30年］……

初，乐浪［郡名，治所朝鲜（今朝鲜平壤南）］人王调据郡不服。秋，遣乐浪太守王遵击之，郡吏杀调降。［他像中国史上大多数帝国统治者，面对沿帝国周边内外两侧的"蛮夷"带来的各色烦难，甚而更如此，既因为先前大篡夺者实行的疯狂的侵扰和侮辱政策，也因为自那往后华夏本部的巨大内乱。与大多数别的相比，当时发生在朝鲜半岛的仅是小事。］……

秋九月庚子，赦乐浪谋反大逆殊死已（以）下……

是岁……匈奴遣使来献，使中郎将报命［报答恩情，执行命令。《匈奴传》云："令中郎将韩统报命，赂遗金币。"］。［他对匈奴人的灵活和有条件的怀柔（或"绥靖"政策），而匈奴人是周边"蛮夷"烦难的头号来源。]

…… ……

十年[34年]春正月，大司马吴汉率捕虏将军王霸等五将军击贾览于高柳，匈奴遣骑救览[**对他在位期间外部蛮夷与内部敌人之间军事勾结的首项记录**]，诸将与战，却之。……

[**在他旷日持久的艰难扫荡或内部征服之中赢得的一场重大胜利，连同在击退蛮夷武力攻击方面赢得的一场较小胜利：**]冬十月，中郎将来歙等大破隗纯于落门[在今甘肃天水武山县洛门]，其将王元奔蜀，纯与周宗降，陇右平。先零羌[羌族一支，最初居今甘肃、青海湟水流域，后离湟中到西海、盐池一带，宣帝时复渡湟水，为赵充国所破]寇金城、陇西，来歙率诸将击羌于五溪，大破之。

…… ……

是岁[建武十二年，36年]，九真[治今越南中部清化]徼[边境]外蛮夷张游率种人内属，封为归汉里君。省金城郡属陇西。[**他们与华夏帝国的真正关系为何？是名副其实的附庸，还是仅名义上的附庸？**]参狼羌[西羌在秦时南迁到武都地区，称之为"参狼羌"]寇武都[辖境在甘肃东南部及陕西凤县、略阳等地]，陇西太守马援讨降之。诏边吏力不足战则守，追虏料敌不拘以逗（住）留法[《前书音义》曰："逗是曲行避敌也。"汉法，军行逗留畏懦者斩，料敌不拘以该法意谓追虏或近或远,量敌进退,不拘以军法]。……遣骠骑大将军杜茂将众郡施刑屯北边,筑亭候,修烽燧。[对付帝国边疆内外两侧相对频繁的蛮夷攻击仍是他的统治的一大任务,在这个场合他和他的边疆军政长官面对很可能寡不敌众和工事不足的形势而深知军事审慎。]……

[**为防御匈奴人做准备:**](建武十三年,37年)二月,遣捕虏将军马武屯滹沱河[[今在河北饶阳县北]以备匈奴。卢芳[前云:建武元年(25年)"赤眉杀更始,而隗嚣据陇右,卢芳起安定(郡名,今甘肃泾川县北)"]自五原[郡名,在今鄂尔多斯达拉特旗北部]亡入匈奴。……

五月,匈奴寇河东。……

九月,日南[郡名,辖境相当于今越南中南部(北起横山,南抵大岭地区),治所西卷(今广治西北十余里)]徼[边境]外蛮夷献白雉、白兔。[他们与华夏帝国的真正关系为何?是名副其实的附庸,还是仅名义上的附庸,甚或全非附庸?]……

十四年[38年]春正月……匈奴遣使奉献,使中郎将报命。[**帝国与匈奴人的关系实属复杂。**]……

…… ……

是岁[建武十七年,41年],莎车国遣使贡献。[**在恢复帝国西域宗主权的过程中。**]

(建武)十八年[42年]……

遣伏波将军马援率楼船将军段志等击交阯贼徵(微)

侧等。［**帝国本部以外的征伐，在恢复华夏帝国的过程中。**］……

十九年［43年］……

伏波将军马援破交阯，斩徵（微）侧等。因［随之，因之］击破九真贼都阳等，降之。……

西南夷寇益州郡［辖境在今中缅边境高黎贡山以东，云南洱海以西及姚安、元谋、东川市以南，曲靖、宜良、华宁、蒙自以西，哀牢山以北地区，治所滇池］，遣武威将军刘尚讨之。越巂［辖境在四川凉山彝族自治州及云南一小部分，治所邛都（今四川西昌东部）］太守任贵谋叛，十二月，刘尚袭贵，诛之。［**在帝国边疆内侧对付制造烦难（和／或被烦难的）"蛮夷"：一类恒久的任务**］。……

二十年［44年］……

匈奴寇上党、天水，遂至扶风。［**经久地制造烦难的匈奴人，特别在他们被大篡夺者烦难之后。**］……

秋，东夷韩国［有辰韩、卞韩、马韩，谓之三韩国也，在今韩国境内］人率众诣乐浪内附。［**在恢复东北方向的帝国宗主权过程中。**］……

十二月，匈奴寇天水……

二十一年［45年］春正月，武威将军刘尚破益州夷，平之。［**一场对造反的西南夷的征伐，费时一年半。**］

夏四月，安定属国胡叛，屯聚青山［在今甘肃庆阳西

◆ 混合的和情势性的大战略思想和实践 ◆

北］，遣将兵长史陈䜣讨平之。

秋，鲜卑寇辽东，辽东太守祭肜大破之。［**外部大蛮族，匈奴人和主要在"远东北"的那些，是至少间或的强劲军事威胁。**］

冬十月，遣伏波将军马援出塞击乌桓［如鲜卑，亦属东胡］，不克。

匈奴寇上谷、中山。

其冬，鄯善王、车师王等十六国皆遣子入侍奉献，愿请都护。帝以中国初定，未遑外事，乃还其侍子，厚加赏赐。［**他在恢复帝国西域宗主权的过程中有耐心，或曰超级保守主义。**］

二十二年［46年］……

是岁……青州蝗。匈奴薁［yu］鞬日逐王比遣使诣渔阳请和亲，使中郎将李茂报命。乌桓击破匈奴，匈奴北徙，幕（漠）南地空。诏罢诸边郡亭侯吏卒。［**来自匈奴的威胁突然被另一个威胁性的蛮族消除。帝国的幸运。**］

二十三年［47年］春正月，南郡［辖境在湖北粉青河及襄樊市以南，西至四川巫山，治所江陵（今湖北江陵东北）］蛮叛，遣武将军刘尚讨破之，徙其种人于江夏。［**粉碎一个造反的、深居于帝国"后背内地"（hinder-land）的蛮族。**］……

高句丽率种人诣乐浪内属。［**在恢复帝国东北方向宗**

主权的过程中，但就高句丽而言，这成果必定是特别暂时的。]

十二月，武陵［郡名，其治所在今湖南省溆浦县］蛮叛，寇掠郡县，遣刘尚讨之，战于沅水，尚军败殁。[**一场惨败了的征伐，针对一个特别桀骜不驯的、深居于帝国"后背内地"的强蛮**。]

是岁，匈奴薁鞬日逐王比率部曲遣使诣西河内附。

二十四年［48年］……

匈奴薁［yu］鞬日逐王比遣使款五原塞［叩五原塞门求见］，求扞（悍）御北虏。

秋七月，武陵蛮寇临沅，遣谒者李嵩、中山太守马成讨蛮，不克，于是伏波将军马援率四将军讨之。……

冬十月，匈奴薁鞬日逐王比自立为南单于，于是分为南、北匈奴。[**南匈奴的一大部分最终被"驯服"，成为一个坚实的附庸，在它自己受到它的族亲和东胡诸蛮的威胁背景下**。]

二十五年［49年］春正月，辽东徼外貊［mò］人［秽国貊人，在洮儿河与嫩江相汇处捕鱼狩猎植谷训畜，其后裔在今吉林西团山建夫余国］寇右北平、渔阳、上谷、太原，辽东太守祭肜招降之。乌桓大人［即渠帅］来朝。

南单于遣使诣阙贡献，奉蕃称臣；又遣其左贤王击破北匈奴，却地千余里。[**新近获得的附庸南匈奴在帝国防**

务中发挥了一个重要作用。]三月，南单于遣子入侍。……

伏波将军马援等破武陵蛮于临沅。冬十月，叛蛮悉降。[**在帝国"后背内地"的一场艰难的征服最终获胜，历时近两年，历经大挫折。**]

夫余王遣使奉献。

是岁，乌桓大人率众内属，诣厥朝贡。[**他在帝国北方和东北方颇为成功，扩展了那里的华夏宗主权。他的大致未被我们的史家范晔记录下来的有关的外交如何？**]

二十六年［50年］……

遣中郎将段郴［chēn］授南单于玺绶，令入居云中，始置使匈奴中郎将［即段郴也］，将兵卫护之。南单于遣子入侍，奉奏诣厥。于是云中、五原、朔方、北地、定襄、雁门、上谷、代八郡民归于本土。遣谒者分将施刑补理城郭。发遣边民在中国者，布还诸县，皆赐以装钱，转输给食。[**在他治下，南匈奴成了一个非常重要的帝国附庸、战略缓冲区和延展防务带。一项近乎历史性的成就！**]

二十七年［51年］……

益州郡徼外蛮夷率种人内属。

北匈奴遣使诣武威乞和亲。……

二十八年［52年］……

北匈奴遣使贡献，乞和亲。

…… ……

三十年［54年］春正月，鲜卑大人［即渠帅］内属，朝贺。［在他治下，帝国宗主权在东北方向的扩展确实令人印象深刻。他的大致未被范晔记录下来的有关的外交究竟如何？］……

…… ……

（中元）二年［57年］……

东夷倭奴国［即今日本国］王遣使奉献。［是仅仅名义上的宗主/附庸，还是被帝国为国内听众而夸大了的纯外交而已？当然，全不排除"东夷倭奴国"为对外实利和国内听众搞同样的夸大的可能性。］

二月戊戌，帝崩于南宫前殿，年六十二……

［以下是《光武帝纪》的实质性文字的最后一段，它事实上是杰出的史家范晔对他作为帝国伟大统治者的特征刻画、崇高赞赏和简洁优美的评价：］

初，帝在兵间久，厌武事，且知天下疲耗，思乐息肩。自陇、蜀平后，非儆（紧）急，未尝复言军旅。［和平、休养和恢复！他，恰如先前西汉的伟大开国君主们，敏锐地懂得什么是历经苦难和凋敝不堪的社会与其全体人民最向往的，并且毫不犹豫地将这"授予"他们。］皇太子尝问攻战之事，帝曰："昔卫灵公问陈（阵），孔子不对，此非尔所及。"［《论语·卫灵公》："卫灵公问陈于孔子。曰：'俎豆之事，则尝闻之矣；军旅之事，未之学也。'"］每旦视朝，日仄［zè，日斜，日过中午］乃罢。数引公卿、郎、将讲论经理，夜分［犹半也］乃寐。皇太子见帝勤劳不怠，承间谏曰："陛下有禹、汤之明，而失黄、老养性之福，愿颐爱精神，优游自宁。"帝曰："我自乐此，不为疲也。"虽身济大业，兢兢如不及，［**政治大勤勉，国务大勤勉：他的杰出素质之一；在其他之外，温和节制、情势主义和总体统帅**（holistic command）**意义上的勤勉**］故能明慎政体，总揽权纲，量时度力，举无过事。退功臣而进文吏，戢［收藏（兵器）］弓矢而散马牛，虽道未方［等同，比拟］古，斯亦止戈之武焉［《左传》曰："于文，止戈为武也。"谓止息干戈的"武"德］。……［**这些素质和特征与他低代价、有分寸、高效率地大致恢复四夷秩序密切相连。**］

后汉书卷八十九南匈奴列传摘录和评注

［本列传是记述一个被驯服和在同化中的北方蛮族的历史，有其复杂的外部关系——分别与东汉帝国和它的同族北匈奴的关系，直到帝国崩溃和随后巨大经久的华夏内乱和野蛮化中断了他们的驯服和同化过程。］

［这个过程开始于伟大的宣帝在位期间的公元前52年（并由他的继位者元帝以公元前33年著名的王昭君出塞予以继续），在公元9年因为大篡夺者的狂野挑衅和剥夺而

中断。伟大的光武帝以其协调政策和战略保守主义，在公元 50 年就匈奴人的一部分即南匈奴恢复了这个过程，在他最后赢得华夏重新统一战争 15 年后。]

[挛鞮比，南匈奴的第一个君主，为从属东汉帝国并为之效劳而成事多多。他受到光武帝欢迎和容纳；他俩恢复了驯服和同化过程，伴有关于经久军事服务与军事保护的体制：]

南匈奴醢[xī]落尸逐鞮单于比者[姓挛鞮，名比，南匈奴第一任单于①]，呼韩邪单于之孙，乌珠留若鞮单于之子也。自呼韩邪后，诸子以次立，至比季父孝单于舆时，以比为右薁鞬日逐王，部领南边及乌桓……

[光武帝走向容纳的曲折道路：外交与征伐皆败，继之以匈奴纵深入侵的愈益加剧和"北边无复宁岁"：]

建武初，彭宠反畔（叛）于渔阳，单于与共连兵，因复权立卢芳，使入居五原[武帝所置边郡，治所在九原县（县治在今内蒙古包头市九原区麻池镇西北）]。光武初，方平诸夏，未遑外事。[光武帝的首次"耐心"包容企图，失败：]至六年[30 年]，始令归德侯刘飒使匈奴，匈奴亦遣使来

---

① 《后汉书·光武帝纪下》载：（建武）二十四年[48 年]……匈奴薁鞬日逐王比遣使款五原塞[叩五原塞门求见]，求扞（捍）御北虏。……冬十月，匈奴薁鞬日逐王比自立为南单于，于是分为南、北匈奴。[匈奴的一个大部分（南匈奴）被驯服，成了一个牢靠的附庸，在它本身受北匈奴和东胡威胁的环境中。]

献，汉复令中郎将韩统报命［报答情谊，执行命令］，赍遗金币，以通旧好。而单于骄踞，自比冒顿，对使者辞语悖慢，帝待之如初。初，使命常通，而匈奴数与卢芳共侵北边。[**他的征发，同样失败，匈奴的入侵越来越加剧：**]九年［33年］，遣大司马吴汉等击之，经岁无功，而匈奴转盛，抄暴日增。十三年［37年］，遂寇河东，州郡不能禁。[**在匈奴纵深入侵面前显著收缩：**]于是渐徙幽、并边人于常山关［即今河北唐县西北、太行山东麓的倒马关］、居庸关已（以）东，匈奴左部遂复转居塞内。朝廷患之，增缘边兵郡数千人，大筑亭候，修烽火。匈奴闻汉购求卢芳，贪得财帛，乃遣芳还降，望得其赏。而芳以自归为功，不称匈奴所遣［《光武帝纪下》：建武十六年（40年），卢芳遣使乞降，光武帝封其为代王］，单于复耻言其计，故赏遂不行。由是大恨，入寇尤深。二十年［44年］，遂至上党、扶风、天水。二十一年冬，复寇上谷、中山，杀略抄掠甚众，北边无复宁岁。

[**匈奴人间在最高层的大内斗：相对羸弱的华夏帝国的福音：**]初，单于弟右谷蠡王伊屠知牙师以次当为左贤王。左贤王即是单于储副。单于欲传其子，遂杀知牙师。知牙师者，王昭君之子也。……生二子。及呼韩邪死，其前阏氏子代立，欲妻之，昭君上书求归，成帝敕令从胡俗[**她再度被她祖国的君主牺牲！**]，遂复为后单于阏氏焉。

[内斗，还有未来南匈奴的首任君主造反，此人将俯首从属于华夏帝国：]比见知牙师被诛，出怨言曰："以兄弟言之，右谷蠡王次当立；以子言之，我前单于长子，我当立。"遂内怀猜惧，庭会稀阔。单于疑之，乃遣两骨都侯监领比所部兵。二十二年［46年］，单于舆死，子左贤王乌达鞮侯立为单于。复死，弟左贤王蒲奴立为单于。比不得立，既怀愤恨。[与此同时，匈奴人被严重的自然灾害大大削弱和软化：]而匈奴中连年旱蝗，赤地数千里，草木尽枯，人畜饥疫，死耗太半。单于畏汉乘其敝，乃遣使诣渔阳求和亲。于是遣中郎将李茂报命。[他干的多得多，因为恨他的同族君主；哪里有"血比水浓"？：]而比密遣汉人郭衡奉匈奴地图，二十三年［47年］，诣西河太守求内附。[他与他的同族君主摊派，为了生存和更多：]两骨都侯颇觉其意，会五月龙祠，因白单于，言奠鞬日逐凤来欲为不善，若不诛，且乱国。时，比弟渐将王在单于帐下，闻之，驰以报比。比惧，遂敛所主南边八部众四五万人，待两骨都侯还，欲杀之。骨都侯且到，知其谋，皆轻骑亡去，以告单于。单于遣万骑击之，见比众盛，不敢进而还。

[他想"依汉得安"，遂发动匈奴人的决定性的、永久的分裂，随即请求作为一名战略上效劳的附庸而从属华夏帝国；他受到光武帝欢迎和包容：]二十四年［48年］

春，八部大人共议立比为呼韩邪单于，以其大父尝依汉得安，故欲袭其号。于是款五原塞，愿永为藩蔽，扞御北虏。帝用五官中郎将耿国议，乃许之。其冬，比自立为呼韩邪单于。

[他给华夏皇帝提供了一项重大的战略效劳，即在请求从属后立即大举攻击北匈奴：]二十五年[49年]春，遣弟左贤王莫将兵万余人击北单于弟薁鞬左贤王，生获之；又破北单于帐下，并得其众，合万余人，马七千匹、牛羊万头。北单于震怖，却地千里。……北部薁鞬骨都侯与右骨都侯率众三万余人来归南单于，南单于复遣使诣阙，奉藩称臣，献国珍宝，求使者监护，遣侍子，修旧约。[一位几乎无保留的附庸！]

[光武帝的正式容纳和"赐予"他附庸地位：]二十六年[50年]，遣中郎将段郴[chēn]、副校尉王郁使南单于，立其庭，去五原西部塞八十里。单于乃延迎使者。使者曰："单于当伏拜受诏。"单于顾望有顷，乃伏称臣。拜讫，令译晓使者曰："单于新立，诚惭于左右，愿使者众中无相屈折也。"骨都侯等见，皆泣下。[可怜的附庸！他步入一项深刻的两难，那关系到他在他的从属中间的威望甚或合法性：]郴等反（返）命，诏乃听南单于入居云中。遣使上书，献骆驼二头，文马[杜预注《左传》曰："文马，画马为文也。"]十匹。……秋，南单于遣子入侍，奉奏诣

阙。[帝国正式给被接受的附庸赐予象征物和大量财富:]诏赐单于冠带、衣裳、黄金玺、盭（綟）[lì,绿色]綬[guā,紫青色的绶带]绶，安车羽盖，华藻驾驷，宝剑弓箭，黑节三，驸马二，黄金、锦绣、缯布万匹，絮万斤，乐器鼓车，棨[qǐ]戟[木制仪仗，形状如戟]甲兵，饮食什器。又转河东米糒[bèi,干粮]二万五千斛。牛、羊三万六千头，以赡给之。……[年度表演体制性仪式和赐予，以便昭示宗主/附庸关系，并且一次又一次地酬赏后者:]单于岁尽辄遣使奉奏，送侍子入朝，中郎将从事一人将领诣阙。汉遣谒者送前侍子还单于庭，交会道路。元正朝贺，拜祠陵庙毕，汉乃遣单于使，令谒者将送，赐彩缯千匹，锦四端，金十斤，太官御食酱及橙、橘、龙眼、荔支；赐单于母及诸阏氏、单于子及左右贤王、左右谷蠡王、骨都侯有功善者，缯彩合万匹。岁以为常。……

[不仅如此，光武帝之下的华夏帝国还给附庸提供某种针对北匈奴的经久保护，犹如中世纪欧洲的大君主对其贵族仆从做的那样:]冬，前畔（叛）五骨都侯子复将其众三千人归南部，北单于使骑追击，悉获其众。南单于遣兵拒之，逆战不利。于是复诏单于徙居西河美稷[县名，治所在今内蒙古准格尔旗西北][就像我们的史家在本篇末尾的评论（我们以后会评注它）暗示甚或明说的那样，这可被界定为一项历史后果深远的错误!]，因使中郎将段郴及

副校尉王郁留西河拥护之,为设官府、从事、掾史。令西河长史岁将骑二千、弛刑五百人,助中郎将卫护单于,冬屯夏罢。自后以为常,及悉复缘边八郡。

[附庸经久地为帝国提供军事服务的体制:] 南单于既居西河,亦列置诸部王,助为扞戍。使韩氏骨都侯屯北地,右贤王屯朔方,当于骨都侯屯五原,呼衍骨都侯屯云中,郎氏骨都侯屯定襄,左南将军屯雁门,栗籍骨都侯屯代郡,皆领部众为郡县侦罗(逻)[侦察巡逻]耳目。北单于惶恐,颇还所略(掠)汉人,以示善意。钞(抄)兵每到南部下,还过亭候,辄谢曰:"自击亡虏奠鞬日逐[前云"至(挛鞮)比季父孝单于舆时,以比为右奠鞬日逐王"]耳,非敢犯汉人也。"

[大多归功于南匈奴的战略服务,北匈奴在其恐惧和羸弱状态中反复乞求体制性和平(和亲),光武帝对此非常勉强地同意:]

二十七年[51年],北单于遂遣使诣武威求和亲,天子召公卿廷议,不决。皇太子言曰:"南单于新附,北虏惧于见伐,故倾耳而听,争欲归义耳。今未能出兵,而反交通北虏,臣恐南单于将有二心,北虏降者且不复来矣。"帝然之,告武威太守勿受其使。

二十八年[52年],北匈奴复遣使诣阙,贡马及裘,更乞和亲,并请音乐,又求率西域诸国胡客与俱献见。帝下三府议酬答之宜。司徒掾班彪奏曰[**对(北)匈奴的饶有经验的观察,连同一项被君主采纳了的、平衡和传统意味的政策建议:**]

臣闻孝宣皇帝敕边守尉曰:"匈奴大国,多变诈。交接得其情,则却敌折冲;应对入其数,则反为轻欺。"今北匈奴见南单于来附,惧谋其国,故数乞和亲,又远驱牛、马与汉合市,重遣名王,多所贡献。斯皆外示富强,以相欺诞也。臣见其献益重,知其国益虚,归亲愈数,为惧愈多。[**平衡的和传统意味的精致的建议:**]然今既未获助南,则亦不宜绝北,羁縻之义,礼无不答。谓可颇加赏赐,略与所献相当,明加晓告以前世呼韩邪、郅支行事[西汉宣帝和元帝时,呼韩单于称臣受赏,郅支单于背德被诛,以此二者行事晓告之]。

报答之辞,令必有适,今立稿草并上,曰:"……[**加上所提议的话语,浮夸地宣告传统华夏对一切"蛮夷"的统治权利,或曰关于"对外关系"和华夏帝国伟大的传统意识形态:**]汉秉威信,总率万国,日月所照,皆为臣妾[**如此自信!**]。殊俗百蛮,义无亲疏,服顺者褒赏,咈(叛)逆者诛罚,善恶之效,呼韩、郅支是也。[**严厉的警告。而且全然鄙视北匈奴的"卑贱"的地位、耗竭中的实力和贫困的处境:**]今单于欲修和亲,款诚已

混合的和情势性的大战略思想和实践

达，何嫌而欲率西域诸国俱来献见？西域国属匈奴，与属汉何异？单于数连兵乱，国内虚耗，贡物裁（才）以通礼，何必献马裘？[**帝国在这场合的赐予仅仅是为冷淡的"羁縻之义"：**]今赍杂缯五百匹，弓鞬韇[dú]丸[藏弓箭的袋]一，矢四发，遣遗单于。又赐献马左骨都侯、右谷蠡王杂缯各四百匹，斩马剑各一。……"

帝悉纳从之。二十九年[53年]，赐南单于羊数万头[**相反，给忠诚和提供服务的附庸的赐予却**非同小可]。三十一年[55年]，北匈奴复遣使如前，乃玺书报答，赐以彩缯，不遣使者。[**对北匈奴的冷淡态度如前不变。**]

[**值得记忆的时刻：匈奴方面驯服和同化过程的恢复者命归黄泉，与华夏方面的对应人物与世长辞几乎在同一时候：**]

单于比立九年薨[56年或57年]，中郎将段郴将兵赴吊，祭以酒米，分兵卫护之。比弟左贤王莫立，帝遣使者赍玺书镇慰，拜授玺绶，遗冠帻，绛单衣三袭，童子佩刀、绲带各一，又赐缯彩四千匹，令赏赐诸王、骨都侯已（以）下。其后单于薨，吊祭慰赐，以此为常。[**体制性宗主/附庸关系的进一步发展。**]……

后汉书卷二十四马援列传摘录和评注

马援:

[光武帝之下的一位伟大将领,非常正直、高尚和英勇,兼具儒家精神和战略才能。他为光武帝反西北军阀隗嚣的统一战争做出了杰出的贡献,并且击破了在帝国西部和南部边缘爆发的"蛮夷"造反。当他"恐不得死国事"的六旬高龄时,他在一场对帝国南方边缘内地造反的蛮夷进行的远征期间病故。]

[他总是品性高尚,心胸宽广,保持尊严,全心全意地奉献于"民族"或国家的事业,给世世代代人留下了"老当益壮"和"马革裹尸"这样的豪言。]

[马援征服帝国西缘强有力的羌族反叛和入侵,依凭他的战略动能、战术灵活和边疆民政恢复/发展:]

九年[33年],拜援为太中大夫,副来歙监诸将平凉州。自王莽末,西羌寇边,遂入居塞内,金城属县多为虏有。来歙奏言陇西侵残,非马援莫能定。十一年[35年]夏,玺书拜援陇西太守。[**武装征伐,行动一:**]援乃发步骑三千人,击破先零羌于临洮[táo,今甘肃中部临洮],斩首数百级,获马、牛、羊万余头。守塞诸羌八千

◆ 混合的和情势性的大战略思想和实践 ◆

余人诣援降。[**武装征伐，行动二，伴有战术辉煌：**]诣种有数万，屯聚寇抄，拒浩亹［mén，县名，在今甘肃永登县西南大通河东岸］隘。援与扬武将军马成击之。羌因将其妻子辎重移阻于允吾［县名，治所在今青海民和县马场垣乡，一说在今甘肃永靖县西北］谷，援乃潜行间道，掩赴其营。羌大惊坏，复远徙唐翼谷中，援复追讨之。羌引精兵聚北山上，援陈军向山，而分遣数百骑绕袭其后，乘夜放火，击鼓叫谍（噪），虏遂大溃，凡斩首千余级。援以兵少，不得穷追，收其谷粮畜产而还。援中矢贯胫，帝以玺书劳之，赐牛、羊数千头，援尽班［赏赐，分给］诸宾客。

[**一个重要的边疆地区的民政恢复和发展，在上述武装征伐和他克服朝廷内占多数的"失败主义"舆论后；他能够是一位优秀的西疆行政长官：**]是时，朝臣以金城破羌［县名，属金城郡，宣帝时置，在今青海乐都县高庙镇一带］之西，涂远多寇，议欲弃之。援上言，破羌以西城多完牢，易可依固；其田土肥壤，灌溉流通。如令羌在湟中，则为害不休，不可弃也。帝然之，于是诏武威太守，令悉还金城客民。归者三千余口，使各反（返）旧邑。援奏为置长吏，缮城郭，起坞候［犹坞壁］，开导水田，劝以耕牧，郡中乐业。又遣羌豪杨封譬说塞外羌，皆来和亲。又武都氐人背公孙述来降者，援皆上复其侯王君长，赐印绶，帝悉

从之。[结合软硬两类战略要素：他对待边疆"蛮夷"事务的有效方略。]乃罢马成军。

[武装征伐，行动三，"饥困"战术而无代价高昂的战斗：]十三年[37年]，武都[今甘肃陇南市武都区]参狼羌与塞外诸种为寇，杀长吏。援哀将四千余人击之，至氐道县[属陇西郡]，羌在山上，援军据便地，夺其水草，不与战，羌遂穷困，豪帅数十万户亡出塞，诸种万余人悉降，于是陇右清静。

[他是一位非常聪明和"开明"的行政长官，在这方面显示了关于行政管理的历史经验中某种最好的东西：]援务开恩信，宽以待下，任吏以职，但总大体而已。宾客故人，日满其门。诸曹时白外事，援辄曰："此丞、掾之任，何足相烦。颇哀老子[哀怜我这老头子吧]，使得遨游[清闲之意]。若大姓侵小民，黠羌欲旅距，此乃太守事耳。"傍县尝有报仇者，吏民惊言羌反，百姓奔入城郭。狄道[今甘肃临洮]长诣门，请闭城发兵。援时与宾客饮，大笑曰："烧虏何敢复犯我。晓狄道长归守寺舍，良怖急者，可床下伏。"后稍定，郡中服之。视事六年，征入为虎贲中郎将。

[一则重要的旁述，显示他国务家似的才能，还有作为一名对每个人的优秀学问"教师"般的雄辩：]初，援在陇西上书，言宜如旧铸五铢钱。事下三府，三府奏

以为未可许，事遂寝。乃援还，从公府求得前奏，难十余条，乃随牒解释〔《东观记》曰"凡十三难，援一一解之，条奏其状"〕，更具表言。帝从之，天下赖其便。援自还京师，数被进见。为人明须发，眉目如画，闲于进对，尤善述前世行事。每言及三辅长者，下至闾里少年，皆可观听。自皇太子、诸王侍闻者，莫不属耳忘倦。又善兵策，帝常言"伏波论兵，与我意合"，每有所谋，未尝不用。……

三国志魏书十六任苏杜郑仓传
第十六摘录和评注

苏则：

〔西北边疆地区一位非常能干和大有威严的地方行政长官，尤其在金城郡，其特色为一种对汉人和"蛮夷"两者的结合性的治理"战略"。关于当地地理和人文的知识和经验必定极大地帮助了他。〕

苏则字文师，扶风武功人也。少以学行闻，举孝廉茂才，辟公府，皆不就。〔**他成功地治理了西北边疆的几个地区，"所在有威名"：**〕起家为酒泉太守，转安定〔治所在今宁夏固原市原州区〕、武都〔治所在今甘肃礼县南〕，〔**他的"侠义"性情，那可能与他的"地理人文来源"有关系**〕

魏书曰：则刚直疾恶，常慕汲黯之为人。魏略曰：则世为著姓，兴平中，三辅乱，饥穷，避难北地。客安定，依富室师亮。亮待遇不足，则慨然叹曰："天下会安，当不久尔，必还为此郡守，折庸辈士也。"后与冯翊吉茂等隐于郡南太白山中，以书籍自娱。及为安定太守，而师亮等皆欲逃走。则闻之，豫使人解语，以礼报之。所在有威名。[**他关于边疆地区和"蛮夷"对他的主公曹操有价值：**]太祖征张鲁，过其郡，见则悦之，使为军导。鲁破，则绥定下辩［汉下辩道，属武都郡；治所在今甘肃成县］诸氐，通河西道，[**他作为金城太守的表现尤其令人印象深刻："抚循"和"招怀"汉人和蛮夷导致显著的地方复兴，干脆利落的死刑惩罚和"从教"酬赏保证秩序良好，同时认真的鼓励和动员促进了农业生产：**]徙为金城［治所在今甘肃兰州市西］太守。是时丧乱之后，吏民流散饥穷，户口损耗，则抚循之甚谨。外招怀羌胡，得其牛羊，以养贫老。与民分粮而食，旬月之间，流民皆归，得数千家。乃明为禁令，有干犯者辄戮，其从教者必赏。亲自教民耕种，其岁大丰收，由是归附者日多。[**他很有效地搞定"蛮夷"，由此不仅在民政也在军事上显著得益：**]李越以陇西反，则率羌胡围越，越即请服。太祖崩，西平麴演叛，称护羌校尉。则勒兵讨之。演恐，乞降。文帝以其功，加则护羌校尉[**他被文帝曹丕指派为近西军事/民政总督，因为他的成就和才干**]，赐爵关内侯。魏名臣奏载文帝令问雍州刺史

混合的和情势性的大战略思想和实践

张既曰:"试守金城太守苏则,既有绥民平夷之功,闻又出军西定湟中,为河西作声势,吾甚嘉之。则之功效,为可加爵邑未邪?封爵重事,故以问卿。密白意,且勿宣露也。"既答曰:"金城郡,昔为韩遂所见屠剥,死丧流亡,或窜戎狄,或陷寇乱,户不满五百。则到官,内抚彫残,外鸠离散,今见户千余。又梁烧杂种羌,昔与遂同恶,遂毙之后,越出障塞。则前后招怀,归就郡者三千余落,皆恤以威恩,为官效用。西平麹演等倡造邪谋,则寻出军,临其项领,演即归命送质,破绝贼粮。则既有恤民之效,又能和戎狄,尽忠效节。遭遇圣明,有功必录。若则加爵邑,诚足以劝忠臣,励风俗也。"

[在一场边疆危机或行将到来的崩溃中,他通过敦促勇敢地自主行事的战略说服,在靖乱方面起了决定性作用:]

后演复结旁郡为乱,张掖张进执太守杜通,酒泉黄华不受太守辛机,进、华皆自称太守以应之。又武威三种胡并寇钞(抄),道路断绝。武威太守毌丘兴告急于则。时雍、凉诸豪皆驱略羌胡以从进等,郡人咸以为进不可当。又将军郝昭、魏平先是各屯守金城,亦受诏不得西度。则乃见郡中大吏及昭等与羌豪帅谋曰:"今贼虽盛,然皆新合,或有胁从,未必同心;因衅击之,善恶必离,离而归我,我增而彼损矣。既获益众之实,且有倍气之势,率以进讨,破之必矣。若待大军,旷日持久,善人无归,必合于恶,善恶既合,势难卒离。**[他**

呼吁勇敢地自主行事，以挽救西北边疆：]虽有诏命，违而合权，专之可也。"于是昭等从之，乃发兵救武威，降其三种胡，与兴击进于张掖。演闻之，将步骑三千迎则，辞来助军，而实欲为变。则诱与相见，因斩之，出以徇军，其党皆散走。则遂与诸军围张掖，破之，斩进及其支党，众皆降。演军败，华惧，出所执乞降，河西平。乃还金城。进封都亭侯，邑三百户。

三国志魏书二十三和常杨杜赵裴传
第二十三摘录和评注

裴潜：

[一位政治上甚而战略上的才智之士，在地方/区域行政长官和中央参谋/大臣职位上效力于四代曹魏政权，以他在一个北方边疆地区对华夷族民的有效的管控和治理最为引人注目。]

裴潜字文行，河东闻喜〔今山西闻喜〕人也。[**看来我们在本章终于遇到了一位不那么儒的家伙：**]魏略曰：潜世为著姓。父茂，仕灵帝时，历县令、郡守、尚书。……潜少不脩细行，由此为父所不礼。[**基于他的政治远见，他轻而易举地决定皈依曹操：**]避乱荆州，刘表待以宾礼。潜私谓所亲王粲、司马芝曰："刘牧非霸王之才，乃欲西伯自处，其败无日矣。"遂南適长沙。太祖定荆州,以潜参丞相军事,出历三县令,入为仓曹属[丞相府内粮食署副官]。太祖问潜曰:"卿前与刘备俱在荆州,卿以备才略何如?"潜曰[**他再度显示了他的政治远见**]:"使居中国,能乱人而不能为治也。若乘间守险,足以为一方主。"

[**在管控和治理一个北方边疆地区的华夷族民方面,他的颇引人注目的杰出表现:**]时代郡大乱,以潜为代郡太守。乌丸王及其大人,凡三人,各自称单于,专制郡事。前太守莫能治正,太祖欲授潜精兵以镇讨之[他以他的军事才能轻而易举地得到最高统帅的信任,被委以一项征伐使命,虽然他只是一名低级参谋]。潜辞曰[**他宁愿靠政治而非军事方略去搞定军事上强悍的"蛮夷"**]:"代郡户口殷众,士马控弦,动有万数。单于自知放横日久,内不自安。今多将兵往,必惧而拒境,少将则不见惮。宜以计谋图之,不可以兵威迫也。"遂单车之(至)郡。单于惊喜。潜抚之以静。单于以下脱帽稽颡[屈膝下拜,以额触地],悉还前后所掠妇女、器械、财物。[**他还通过一种不同的政治方略搞定了当地的华夏族民(亦即惩罚"通敌者",同时由此威慑潜在的同一类人):**]潜案诛郡中大吏与单于为表里者郝温、郭端等十余人,北边大震,百姓归心。在代三年,还为丞相理曹掾,太祖褒称治代之功,潜曰[**他(就一种边疆形势)富有才智和远见**]:

"潜于百姓虽宽，于诸胡为峻。今计者必以潜为理过严，而事加宽惠；彼素骄恣，过宽必弛，既弛又将摄之以法，此讼争所由生也。以势料之，代必复叛。"于是太祖深悔还潜之速。后数十日，三单于反问至［传来三单于造反的消息］，乃遣鄢陵侯彰为骁骑将军征之。

三国志蜀书十三黄李吕马王张传
第十三摘录和评注

马忠：

［一个遥远的西南边疆地区的军政长官，成功地平定和经管"蛮夷"，得到当地华夷民众的敬畏和尊崇。一位"经营戎事"的专家，有杰出的政治素质和个人品行。］

马忠字德信，巴西阆中［今四川阆中］人也。少养外家，姓狐，名笃，后乃复姓，改名忠。为郡吏，建安末举孝廉，除汉昌长。……建兴元年［223年］，丞相亮开府，以忠为门下督。［**他开始显示他在恢复秩序和赢得地方人众敬畏和尊崇方面的大才干：**］三年［225年］，亮入南，拜忠牂牁太守。郡丞朱褒反。叛乱之后，忠抚育恤理，甚有威惠。八年［230年］，召为丞相参军，副长史蒋琬署留府事。又领州治中从事。［**诸葛亮北伐期间，他就平定和巩固各不同蛮夷地区而言表现优秀，不论是在前线还是在**

混合的和情势性的大战略思想和实践

后方:] 明年,亮出祁山,忠诣亮所,经营戎事。军还,督将军张嶷等讨汶山郡[汉武帝元鼎六年(前111年),以冉駹部落之地置汶山郡,治汶江县(在今四川茂县北)]叛羌。十一年[234],南夷豪帅刘胄反,扰乱诸郡。徵庲降都督张翼还,以忠代翼。忠遂斩胄,平南土。加忠监军奋威将军,封博阳亭侯。初,建宁郡杀太守正昂,缚太守张裔于吴,故都督常驻平夷县。至忠,乃移治味县[在今云南曲靖三岔一带],处民夷之间。又越嶲郡亦久失土地,忠率将太守张嶷开复旧郡,由此就加安南将军,进封彭乡亭侯。延熙五年[242年]还朝,因至汉中,见大司马蒋琬,宣传诏旨,加拜镇南大将军。……十二年[249年]卒……

[他令"蛮夷畏而爱之"的政治素质和个人品行,给人以深刻印象!:] 忠为人宽济有度量,但诙啁大笑,忿怒不形于色。然处事能断,威恩并立,是以蛮夷畏而爱之。及卒,莫不自致丧庭,流涕尽哀,为之立庙祀,迄今犹在。……

张嶷:

[马忠在平定边陲蛮夷造反时的部下,然后他本人作为一个蛮夷地区的行政长官表现杰出,依凭他在维持秩序、修建基础设施、吮吸资源和逐渐赢得蛮夷人心方面的大才干。"在郡十五年,邦域安穆":一项非同小可的

成就！]

　　张嶷字伯岐，巴郡南充国［今四川南充］人也。弱冠为县功曹。先主定蜀之际，山寇攻县，县长捐家逃亡，嶷冒白刃，携负夫人，夫人得免。由是显名，州召为从事。……［**在马忠麾下平定各股蛮夷造反，在规划和作战方面都有大贡献；他的政治和军事才智多所显现：**］拜为牙门将，属马忠，北讨汶山叛羌，南平四郡蛮夷，辄有筹画战克之功。益部耆旧传曰：嶷受兵马三百人，随马忠讨叛羌。嶷别督数营在先，至他里。邑所在高峻，嶷随山立上四五里。羌于要厄作石门，于门上施床，积石于其上，过者下石槌击之，无不糜烂。嶷度不可得攻，乃使译告晓之曰："汝汶山诸种反叛，伤害良善，天子命将讨灭恶类。汝等若稽颡过军，资给粮费，福禄永隆，其报百倍。若终不从，大兵致诛，雷击电下，虽追悔之，亦无益也。"耆帅得命，即出诣嶷，给粮过军。军前讨余种，余种闻他里已下，悉恐怖失所，或迎军出降，或奔窜山谷，放兵攻击，军以克捷。后南夷刘冑又反，以马忠为督庲降讨冑，嶷复属焉，战斗常冠军首，遂斩冑。平南事讫，牂牁兴古獠种复反，忠令嶷领诸营往讨，嶷内招降得二千人，悉传诣汉中。……

　　［**依凭一种军事和政治相结合的方针，他恢复了华夏国家在一个蛮夷地区的"主权存在"，而且在那里高度有效地治理：**］初，越巂郡［治所在邛都县（今四川西昌东南）］自丞相亮讨高定之后，叟夷数反，杀太守龚禄、焦璜，是后太守不敢之（至）郡，只住安上县，去郡八百余里，其

◆ 混合的和情势性的大战略思想和实践 ◆

郡徒有名而已。时论欲复旧郡，除嶷为越巂太守，嶷将所领往之（至）郡，诱以恩信，蛮夷皆服，颇来降附。北徼捉马［一部落名］最骁劲，不承节度，嶷乃往讨，生缚其帅魏狼，又解纵告喻，使招怀余类。表拜狼为邑侯，种落三千余户皆安土供职。诸种闻之，多渐降服，嶷以功赐爵关内侯。

苏祁邑君冬逢、逢弟隗渠等，已降复反。嶷诛逢。逢妻，旄牛王女，嶷以计原之。而渠逃入西徼。渠刚猛捷悍，为诸种深所畏惮，遣所亲二人诈降嶷，实取消息。嶷觉之，许以重赏，使为反间，二人遂合谋杀渠。渠死，诸种皆安。又斯都耆帅李求承，昔手杀龚禄，嶷求募捕得，数其宿恶而诛之。［**他在平定该地区及其不同部落方面那么足智多谋！**］

始嶷以郡郛宇［城郭屋宇］颓坏，更筑小坞。在官三年，徙还故郡，缮治城郭，夷种男女莫不致力。［**动员地方蛮夷修建基础设施。**］

［**吮吸地方资源，或者说将国税征收延至先前"无政府"的人民和地区，经残酷杀戮、无情恫吓、"杀牛飨宴"和许诺酬赏：**］定莋、台登、卑水三县去郡三百余里，旧出盐铁及漆，而夷徼久自固食。嶷率所领夺取，署长吏焉。嶷之到定莋，定莋率豪狼岑，槃木王舅，甚为蛮夷所信任，忿嶷自侵，不自来诣。嶷使壮士数十直往收致，挞

· 139 ·

而杀之，持尸还种，厚加赏赐，喻以狼岑之恶，且曰："无得妄动，动即殄矣！"种类咸面缚谢过。嶷杀牛飨宴，重申恩信，遂获盐铁，器用周赡。

[他在安抚蛮夷和防止冲突上那么足智多谋，以柔克刚：]汉嘉郡界旄牛夷种类四千余户，其率狼路，欲为姑婿冬逢报怨，遣叔父离将逢众相度形势。嶷逆遣亲近赍牛酒劳赐，又令离逆［迎回］逢妻宣畅意旨。离既受赐，并见其姊，姊弟欢悦，悉率所领将诣嶷，嶷厚加赏待，遣还。旄牛由是辄不为患。

郡有旧道，经旄牛中至成都，既平且近；自旄牛绝道［作乱绝道］，已百余年，更由安上，既险且远。嶷遣左右赍货币赐路，重令路姑喻意，路乃率兄弟妻子悉诣嶷，嶷与盟誓，开通旧道，千里肃清，复古亭驿。奏封路为旄牛句毗王，遣使将路朝贡。后主于是加嶷怃戎将军，领郡如故。……

[无论用何手段，他的治理终究在地方华夷民众中赢得了大声望，也赢得了地区和平：]在郡十五年，邦域安穆。屡乞求还，乃徵诣成都。民夷恋慕，扶毂泣涕，过旄牛邑，邑君襁负来迎，及追寻至蜀郡界，其督相率随嶷朝贡者百余人。……延熙十七年［254］……魏狄道长李简密书请降，卫将军姜维率嶷等因简之资以出陇西。既到狄道，简悉率城中吏民出迎军。军前与魏将徐质交锋，嶷临

陨身，然其所杀伤亦过倍。……［**他治理过的华夷民众真挚地爱戴他：**］南土越巂民夷闻嶷死，无不悲泣，为嶷立庙，四时水旱辄祀之。

殆无止境的大战略艰难

［中国从不乏苦于来自周边"蛮夷"的威胁、敌对、冲突甚或间歇性的入侵或征服，由后者一个接一个或以某种结合，前后相继地在这权势和文明的较量中扮演主角，就像走马灯似地走过东亚大陆这巨型舞台。直到19世纪中叶为止，在两三千年的诸传统时代，他们全都或压倒性地大多是北面、西面、西北面和东北面的游牧民族（在不同程度上游牧），而华夏本部的农耕华夏人浸透着一种文化，那总的来说与其族裔对手相比远少战斗性。在华夏人与蛮夷之间，历来有"互激的帝国主义"，连同内外事务间的最密切互动：大多数情况下，一方的政治/社会/军事赢弱总是刺激和便利另一方的攻击、征服、控制或统治。］

［如成就了《后汉书》的伟大史家范晔所说，"匈奴炽于隆汉，西羌猛于中兴。而灵、献之间，二虏迭盛。"这最后"二虏"是乌桓和鲜卑，源于被模糊地称呼的东

胡，或干脆就是它的两大支系，先被匈奴人征服，而后在东汉早年开始从东北方武装侵扰华夏本部。］

［他们，特别是愈益强劲和活跃的鲜卑，自安帝在位、太后邓绥摄政期间开始的帝国衰落时代初期往后，频繁地攻击和入侵华夏北方和东北方边疆地区。在随后的帝国垂死和崩溃时代，大扩张主义者檀石槐领导下的鲜卑成了从外部侵害华夏的压倒性主要入侵者和征服者，在其急剧的"自动帝国主义扩张"中看似不可战胜，替代了匈奴帝国在三个世纪以前享有的地缘战略强大地位。然后，超出我们的史家留下的记录，在中国的最黑暗时代期间，它扮演了"五胡乱中华"的主角，最终在其"蛮夷"统治下统一华北，直到在公元六和七世纪它自己逐渐被其他蛮夷征服甚而消灭为止。］

［至于比鲜卑弱得多也短命得多的乌桓，其活跃和事实上独立的存在被伟大的中国战略家和国务家曹操结束，经过他一大血腥的战役，即207年"自征乌桓，大破蹋顿（乌桓王号）于柳城，斩之，首虏二十余万人"。此后，乌桓的大部分（被）移至华夏本部，经过同化而消融。］

后汉书卷九十乌桓鲜卑列传摘录和评注

［在匈奴权势和华夏东汉帝国两者的垂死时代，鲜卑

人突然有了他们的伟大领袖檀石槐。他统一了鲜卑各部，向东西南北大扩张，特别是经过痛击和驱逐匈奴人。作为一位凶猛的帝国主义者，他比先前任何鲜卑豪酋都远更威胁华夏帝国，为以后几个世纪里他的族人的事业铺垫了基础：］

桓帝时，鲜卑檀石槐者，［**古代惯常赋予一个伟大领袖就其出身的某种神秘天赐故事；关于其伟大的一种事后的反映（和生造的促进）：**］其父投鹿侯，初从匈奴军三年，其妻在家生子。投鹿侯归，怪欲杀之。妻言尝昼行闻雷震，仰天视而雹入其口，因吞之，遂妊身，十月而产，此子必有奇异，且宜长视。投鹿侯不听，遂弃之。妻私语家令收养焉，名檀石槐。年十四五，勇健有智略。异部大人抄取其外家牛、羊，檀石槐单骑追击之，所向无前，悉还得所亡者，由是部落畏服。乃施法禁，平曲直，无敢犯者，遂推以为大人。［**就他来说，成为领袖何等容易！也神秘？**］［**他统一了各不同鲜卑部落：**］檀石槐乃立庭于弹汗山［即今内蒙古大青山，东起呼和浩特，西至包头］歠［chuò］仇水上，去高柳北三百余里，兵马甚盛，东西部大人皆归焉。［**他用武力在所有方向上大事扩张，特别是经过痛击和驱逐匈奴人：**］因南抄缘边，北拒丁零，东却夫余，西击乌孙，尽据匈奴故地，东西万四千余里，南北七千余里，网罗山川水泽盐池。［**一个庞大的鲜卑帝国！**］

殆无止境的大战略艰难

[**檀石槐之下的鲜卑比它先前曾有的更甚地威胁和攻袭华夏边疆地区：**]永寿二年[156年]秋，檀石槐遂将三四千骑寇云中。延熹元年[158年]，鲜卑寇北边。冬，使匈奴中郎将张奂率南单于出塞击之，斩首二百级。二年[159年]，复入雁门，杀数百人，大抄掠而去。六年[163年]夏，千余骑寇辽东属国。九年[166年]夏，遂分骑数万人入缘边九郡，并杀掠吏人。于是复遣张奂击之，鲜卑乃出塞去。[**羸弱的华夏帝国依据一项羸弱时候的传统，提出了绥靖建议，但被他拒绝：**]朝廷积患之而不能制，遂遣使持印绶封檀石槐为王，欲与和亲。檀石槐不肯受，而寇抄滋甚。[**一个庞大的鲜卑帝国，分成三大行政部分，由他在顶端进行终极统治：**]乃自分其地为三部：从右北平以东至辽东，接夫余、濊貊二十余邑为东部，从右北平以西至上谷十余邑为中部，从上谷以西至敦煌、乌孙二十余邑为西部。各置大人主领之，皆属檀石槐。

[**在辩论战略之后，垂死的帝国以三万骑兵发动了一场大规模征伐，但遭惨败：**]

[**东汉帝国越垂死，鲜卑对它的入侵和掳掠就越严重：**]灵帝立，幽、并、凉三州缘边诸郡无岁不被鲜卑寇抄，杀略（掠）不可胜数。熹平三年[174年]冬，鲜卑入北地，太守夏育率休著屠各追击破之。迁育为护乌桓校

尉。五年［176年］，鲜卑寇幽州。六年［177年］夏，鲜卑寇三边［谓东、西与北边，即幽州、并州、凉州］。[**如何对付愈益严重、愈益广泛的鲜卑入侵和攻袭？帝国宫廷两个阵营之间的战略辩论，其中一方与一名权宦联系密切，很可能由其政治利益驱动：**] 秋，夏育上言："鲜卑寇边，自春以来，三十余发，请征幽州诸郡兵出塞击之，一冬二春，必能禽（擒）灭。"［**一项显然浮华和冒险的提议。**］朝廷未许。先是，护羌校尉田晏坐事论刑被原［宽恕］，欲立功自效，乃请中常侍王甫求得为将，甫因此议遣兵，与育并力讨贼。帝乃拜晏为破鲜卑中郎将。[**然而，一名将领的私欲，或许还有一名权宦的私利，使这提议对君主来说成了可接受的！**] 大臣多有不同，乃召百官议朝堂。议郎蔡邕议曰［**一位著名的儒家文人，表达了战略保守主义，那传统上与一个羸弱的帝国相符**］：

《书》戒猾［乱也］夏，《易》伐鬼方［《易·既济·九三爻辞》曰："高宗伐鬼方，三年而克之。"］，周有猃狁、蛮荆之师［《诗·小雅》曰："显允方叔，征伐猃狁，蛮荆来威。"］，汉有阗颜、瀚海之事［武帝使卫青击匈奴，至阗颜山，斩首万余级，使霍去病击匈奴，封狼居胥山，登临瀚海］。征讨殊类，所由尚矣。然而时有同异，势有可否，故谋有得失，事有成败，不可齐也。[**战略"激进主义"和战略保守主义都应是情势性的选择，根据具体情势采用。**]

殆无止境的大战略艰难

　　[**战争霸王之后的战略保守主义一向回溯到他的教训：**]武帝情存远略，志辟四方，南诛百越，北讨强胡，西伐大宛，东并朝鲜。因文、景之蓄，借天下之饶，数十年间，官民俱匮。乃兴盐铁酒榷之利，设告缗重税之令。民不堪命，起为盗贼，关东纷扰，道路不通。绣衣直指之使，奋铁钺而并出。既而觉悟，乃息兵罢役，封丞相为富民侯［封丞相车千秋为富民侯，以明休息，思富养民］。故主父偃曰："夫务战胜，穷武事，未有不悔者也。"［武帝时，齐相主父偃谏伐匈奴之辞。］夫以世宗神武，将相良猛，财赋充实，所拓广远，犹有悔焉。况今人财并乏，事劣昔时乎！[**对国内社会凋敝的考虑必须是决定性要素！**]

　　[**而且，鲜卑的优势实力必须是另一个！：**]自匈奴遁逃，鲜卑强盛，据其故地，称兵十万，才力劲健，意智益生。加以关塞不严，禁网多漏，精金良铁，皆为贼有；汉人逋逃，为之谋主，兵利马疾，过于匈奴。昔段颎良将，习兵善战，有事西羌，犹十余年。今育、晏才策，未必过颎，鲜卑种众，不弱于曩时。而虚计二载，自许有成［指夏育前言"一冬二春，必能禽（擒）灭。"］，若祸结兵连，岂得中休？当复征发众人，转运无已，是为耗竭诸夏，并力蛮夷。[**战略保守主义的另一项论据，这里仅在政权利益而非"民族"利益意义上才是对头的：**]夫边垂之患，手足

之蚍搔；中国之困，胸背之瘭［biāo］疽。方今郡县盗贼尚不能禁，况此丑虏而可伏乎！

昔高祖忍平城之耻，吕后弃慢书之诟，方之于今，何者为甚？［**可怜的帝国，你在可怜的总体形势中必须忍辱负重！**］

［**对一位儒家学者来说，为战略保守主义之利，很容易援引一项传统的儒家信条，那就是华夏与"蛮夷"之间有本质差异，与之竞斗相对无关紧要：**］天设山河，秦筑长城，汉起塞垣，所以别内外，异殊俗也。苟无蹙国［丧失国土］内侮之患则可矣，岂与虫蚁狡寇计争往来哉！虽或破之，岂可殄尽，而方令本朝为之旰［gàn］食［晚食，指事务繁忙不能按时吃饭］乎？

夫专胜者未必克，挟疑者未必败。……［**西汉时代战略保守主义的两者著名谏文被援引来强化他的论辩，它们都有上述传统儒家情调：**］昔淮南王安谏伐越曰："天子之兵，有征无战。言其莫敢校［报也］也。如使越人蒙死以逆执事厮舆之卒，有一不备而归者，虽得越王之首，而犹为大汉羞之。"而欲以齐民易丑虏，皇威辱外夷，就如其言，犹已危矣，况乎得失不可量邪！昔珠崖郡反，孝元皇帝纳贾捐之言，而下诏曰："珠崖背畔（叛），今议者或曰可讨，或曰弃之。朕日夜惟思，羞威不行，则欲诛之；通于时变，复忧万民。夫万民之饥与远蛮之不可讨，何者为大？宗庙之祭，凶年犹有不备，况避不嫌之辱哉！今关东大困，无以相赡，又当动兵，非但劳民而已。其罢珠崖郡。"此元帝所以发德音也。夫恤民救急，虽成郡列县，尚犹充之，况障塞之外，未尝为民居者乎！……

[一个垂死、腐败和不负责任的君主政权拒绝保守主义，以利"激进主义"，结果是一个有三万骑兵的联盟大军惨败于鲜卑之手：]帝不从，遂遣夏育出高柳，田晏出云中，匈奴中郎将臧旻率南单于出雁门，各将万骑，三道出塞二千余里。檀石槐命三部大人各帅众逆战，育等大败，丧其节传辎重，各将数十骑奔还，死者十七八。三将槛车征下狱，赎为庶人。冬，鲜卑寇辽西。光和元年[178年]冬，又寇酒泉[**鲜卑武力甚至攻袭那么远的地方，超远离他们在东北的起始地区**]，缘边莫不被毒。……

[**随檀石槐死去，鲜卑部落联盟离散，这对垂死和瓦解的东汉帝国和此后的华夏诸军阀而言实乃福音：**①] 光和中，檀石槐死[181年]，时年四十五，子和连代立。和连才力不及父，亦数为寇抄，性贪淫，断法不平，众

---

① 《后汉书·灵帝纪》仅有檀石槐死后鲜卑寇边的如下几条记载：（光和）四年[181年]……冬十月……鲜卑寇幽、并二州。斋中平……二年[185年]……十一月……鲜卑寇幽、并二州。……十二月，鲜卑寇幽、并二州。……

《后汉书·献帝纪》没有鲜卑寇边的记载。

畔（叛）者半。后出攻北地，廉［县名，治所在今宁夏贺兰县西北境］人善弩射者射中和连，即死。其子骞曼年小，兄子魁头立。后骞曼长大，与魁头争国，众遂离散。魁头死，弟步度根立。自檀石槐后，诸大人遂世相传袭。

［我们的史家哀叹没有对付北蛮西戎的优秀的战略（"制御上略，历世无闻"），即使在确实可能最好的情势下；对接下来的华夏野蛮化诸时代来说，此乃恶兆，虽然他就此提及乌桓不那么正确：］

论曰：四夷之暴，其势互强矣。匈奴炽于隆汉，西羌猛于中兴。而灵、献之间，二虏迭盛。石槐骁猛，尽有单于之地；蹋顿凶桀，公据辽西之土。其陵跨中国，结患生人者，靡世而宁焉。然制御上略，历世无闻；周、汉之策［无论是大规模兴师征服，还是忍辱负重的绥靖，或是蓄意的漠视］，仅得中下。将天之冥数，以至于是乎？

三国志魏书三十乌丸鲜卑东夷传
第三十摘录和评注

［乌丸、鲜卑、东夷：华夏本部以北和东北的蛮夷民族。曹魏在击败和征服它们方面的军事成就真正引人注

目!据说曹魏总共对各种蛮夷进行过三十四场战斗或战役,赢了其中三十二场,其94%的得胜率远远高于先前的两汉帝国。① 这个华夏王国在这方面远不止是一个华夏大帝国的微缩版。它确实是扩张主义性质的,尽管它对南方和西南方的扩张性质是追求中国重新统一。]

[该传的导言,其中曹操实际上结束南匈奴最为引人注目;其余的主要业绩(关于乌桓和鲜卑的)则有更大的历史意义:]

书载"蛮夷猾夏",诗称"玁狁孔炽",久矣其为中国患也。秦、汉以来,匈奴久为边害。孝武虽外事四夷,东平两越、朝鲜,西讨贰师、大宛,开邛笮、夜郎之道,然皆在荒服之外,不能为中国轻重。[就历史地理和更多事情来说的一则奇怪和谬误的断言!]而匈奴最逼于诸夏,胡骑南侵则三边受敌,是以屡遣卫、霍之将,深入北伐,穷追单于,夺其饶衍之地。后遂保塞称籓,世以衰弱。[我们的史家极简短地记载了曹魏时期与南匈奴的关系,作为本章——专门谈论华夏本部以北和东北的"蛮夷"的唯一篇章——的一则补充;意义在于一个事实:曹操实际上结束了作为一个独立的族裔实体的南匈奴;因而,

---

① 参见"曹魏",http://baike.sogou.com/v75018925.htm?fromTitle=%E6%9B%B9%E9%AD%8F。

连同乌桓，这位大国务家和最高统帅大体结束了如此的两个民族，此乃中国史上对单独一个统治者来说非凡的"成就"：] 建安中，呼厨泉南单于入朝 [216年]，遂留内侍，使右贤王 [刘去卑] 抚其国，而匈奴折节，过于汉旧。[呼厨泉被曹操留于邺，是为最后一位南匈奴单于，而南匈奴本身被曹操分成左、右、南、北、中五部，分别安置在陕西、山西、河北一带，从此走向消亡。] [**更强的乌桓和鲜卑，以其入侵、劫掠和"敢受亡命"，是东汉末期往后华夏边疆防务的主要难题：**] 然乌丸、鲜卑稍更强盛，亦因汉末之乱，中国多事，不遑外讨，故得擅（漠）南之地，寇暴城邑，杀略（掠）人民，北边仍受其困。[**乌桓的急剧崛起和对华夏本部的威胁，继之以它在曹操手上的大致灭亡：**] 会袁绍兼河北，乃抚有三郡乌丸，宠其名王而收其精骑。其后尚、熙又逃于蹋顿。蹋顿又骁武，边长老皆比之冒顿，恃其阻远，敢受亡命，以雄百蛮。太祖潜师北伐，出其不意，一战而定之，夷狄慴服，威振朔土。遂引乌丸之众服从征讨，而边民得用安息。[**鲜卑远非可以征服！而且，它将成为华北以内的华夏文明的致命威胁，那当然是我们的史家无法预见到的一大事态发展：**] 后鲜卑大人轲比能复制御群狄，尽收匈奴故地 [**此乃鲜卑急剧和决定性壮大的关键**]，自云中、五原以东抵辽水，皆为鲜卑庭。数犯塞寇边，幽、并苦之。田豫有马城之围①，毕轨有陉北之败。青龙［233—237 年］中，帝乃听王雄，遣剑客刺之。[**刺杀相对原始的鲜卑族的一位伟大领袖可以**暂时地**削弱之，即令其回返多年的碎片状态和内部冲突：**]然后种落离散，互相侵伐，强者远遁，弱者请服。由是边陲差安，漠南少事，虽时颇钞（抄）盗，不能复相扇动矣。乌丸、鲜卑即古所谓东胡也。其习俗、前事，撰汉记者已录而载之矣。故但举汉末魏初以来，以备四夷之变云。

后汉书卷八十七《西羌传》摘录和评注

[**本篇主要是一部冲突和战争史，在华夏两汉帝国与帝国西疆两边的羌人之间，连同这关系的其他复杂的方方面面。**]

[西羌，一个非常古老和坚毅的、以部落和部落联盟为组织方式的游牧族，自史前时期往后，一直与华夏诸侯国和帝国及其西疆地区有一种大体上冲突的关系。他们的

---

① 《三国志·魏书·满田牵郭传》载：文帝初，北狄强盛，侵扰边塞，乃使（田）豫持节护乌丸校尉，牵招、解俊并护鲜卑。自高柳以东，濊貊以西，鲜卑数十部，比能、弥加、素利割地统御，各有分界；乃共要誓，皆不得以马与中国市。……单将锐卒，深入虏庭，胡人……追豫到马城，围之十重，豫密严，使司马建旌旗，鸣鼓吹，将步骑从南门出，胡人皆属目往赴之。豫将精锐自北门出，鼓噪而起，两头俱发，出虏不意，虏众散乱，皆弃弓马步走，追讨二十余里，僵尸蔽地。……

游牧性质、天然坚毅、与匈奴的协同倾向、分散的族裔/社会/政治组织，使其在两汉帝国的四个世纪里始终是无法驯服的一大威胁，一个反复地由华夏帝国或其地区行政长官对他们的愚蠢虐待加剧了的威胁。他们的大规模东向入侵和攻袭，连同对他们的大规模征伐，在武帝和宣帝时认真开始，在安帝（或邓太后摄政）时大为升级，而那是帝国在西疆愈益虚弱乏力的年代。自此往后，有那么多大规模反叛、入侵和掳掠，以致说到底挫败了帝国的一切反应，无论是征伐或宗主权行使，还是移民或绥靖。]

［我们的史家对两汉帝国采取的对西羌战略作了非常否定的、可以争议的评价："贪其暂安之势，信其驯服之情，计日用之权宜，忘经世之远略"。什么是他心中的"经世之远略"？

决定性的甚或完全的武力击碎，像武帝对匈奴帝国做的那样？"诛尽"或曰古代版的种族灭绝？大致漠视，加上消极防御或"遏制"？他的批评可以是有道理的，特别是如果考虑到他那代人持有的简直栩栩如生的"五胡乱中华"记忆。然而，他可能暗示了的战略路径是——客气地说——难以设想的，在时代、地理邻近性和双方人民的性质构成的总的环境中。]

…… ……

殆无止境的大战略艰难

［关于一种间歇性的紧张关系的战略史，在西汉帝国与羌人、特别是强劲和倾向反叛的先零羌之间：］

［关于匈奴、羌人和华夏帝国之间"三角关系"的战略史，尤其在战略性的战争霸王武帝之下：］……

［在宣帝之下，击碎统一起来的羌人的一场大规模战略性反叛，连同紧随其后的靖安努力，直到大篡夺者的挑衅性作乱为止：］……

烧当羌：

［极少数最不驯服最能战斗的羌族部落或部落联盟之一，有其与华夏帝国的经久的、主要以间歇性的重大入侵和帝国征伐为特征的双边关系历史，还有它的羌族内斗史，以它最终克服先前最强大的先零羌最给人深刻印象。］

［在随西汉崩溃而来的华夏全国大乱期间，它由酋豪滇良领导，以在羌族内斗中克服先零羌为他的主要成就：］

［当时它远非入侵和攻击华夏帝国的羌族主力：］滇良者，烧当［元帝时烧当羌酋豪，上云"复豪健"］之玄孙也。时王莽末，四夷内侵，及莽败，众羌遂还据西海为寇。［他们因为华夏的内乱和羸弱而势盛空前，活跃非凡，且成为华夏"内战"的一个因素，站在一名地区性大军阀一

边：］更始、赤眉之际，羌遂放纵，寇金城、陇西。隗嚣虽拥兵而不能讨之，乃就慰纳，因发其众与汉相拒。［**光武帝为靖安和边疆操作，**意欲**采取一种政治的而非军事的方略：**］建武九年［33年］，隗嚣死，司徒掾班彪上言："今凉州部皆有降羌，羌胡被发左衽，而与汉人杂处，习俗既异，言语不通。数为小吏黠人所见侵夺，穷恚无聊，故致反叛。夫蛮夷寇乱，皆为此也。［**政治方略基于对问题的正确理解，同时或许也基于实力对比和成本效益考虑。**］旧制：益州部置蛮夷骑都尉，幽州部署领乌桓校尉，凉州部署护羌校尉，皆持节领护，理其怨结，岁时循行，问所疾苦。又数遣使驿通动静，使塞外羌夷为吏耳目，州郡因此可得徼备。今宜复如旧，以明威防。"光武从之，即以牛邯为护羌校尉，持节如旧。及邯卒而职省。［**然而，政治方略大致只是意欲的，军事方略却由紧急形势施加，并因帝国征伐军将领来歙和马援的能干而大受鼓励：**］十年［34年］，先零豪与诸种相结，复寇金城、陇西，遣中郎将来歙等击之，大破。事已具《歙传》。十一年［35年］夏，先零种复寇临洮，陇西太守马援破降之。后悉归服，徙置天水、陇西、扶风三郡。明年，武都参狼羌反，援又破降之。事已具《援传》。

［**滇良在羌族内斗中的主要生活历史性成就：**］自烧当至滇良，世居河北大允谷［在今青海海南藏族自治州贵德县］，

殆无止境的大战略艰难

种小人贫。而先零、卑湳并皆强富，数侵犯之。滇良父子积见陵易，愤怒，而素有恩信于种中，于是集会附落及诸杂种，乃从大榆入，掩击先零、卑湳，大破之，杀三千人，掠取财畜，夺居其地大榆中［大小榆谷，在今青海贵德东河曲一带］，由是始强。

［东汉初，在由酋豪滇吾统领时，烧当羌强有力地入侵、掳掠和进击，"常雄诸羌……为其渠帅"，然而最终被帝国征伐大军击碎：］

滇良子滇吾立。[**他的族裔代理人发动反叛，进行战争：**］中元［光武帝最后年号］元年［56年］，武都参狼羌反，杀略（掠）吏人，太守与战不胜，陇西太守刘盱遣从事辛都、监军掾李苞，将五千人赴武都，与羌战，斩其酋豪，首虏千余人。时，武都兵亦更破之，斩首千余级，余悉降。时滇吾附落转盛，常雄诸羌，每欲侵边者，滇吾转教以方略，为其渠帅。[**他本人发动反叛，进行战争，反复战胜帝国的地区/地方兵力：**］二年［57年］秋，烧当羌滇吾与弟滇岸率步骑五千寇陇西塞，刘盱遣兵于枹罕［在今甘肃中部临夏回族自治州临夏市东北］击之，不能克，又战于允街［县名，治所在今甘肃永登县红城镇河西］，为羌所败，杀五百余人。于是守塞诸羌皆复相率为寇。遣谒者张鸿领诸郡兵击之，战于允吾［读作"沿牙"，县名，治所在今兰州市广武县西南]、唐谷［县名，在今青海东北部海南藏族自治州同德县境内］，军败，鸿及陇西长史田飒皆没。又天水兵为牢姐种所败于白石，死者千余人。

[**地方行政长官的血腥的"帝国主义"，遭到伟大的帝国君主明帝谴责：**]时烧何豪有妇人比铜钳者，年百余岁，多智算，为种人所信向，皆从取计策。时为卢水胡所击，比铜钳乃将其众来依郡县。种人颇有犯法者，临羌长收系（羁）比铜钳，而诛杀其种六七百人。显宗［明帝］怜之，乃下诏曰："昔桓公伐戎而无仁惠。故《春秋》贬曰：'齐人'。今国家无德，恩不及远，羸弱何辜，而当并命！……咎由太守长吏妄加残戮。比铜钳尚生者，所在致医药养视，令招其种人，若欲归故地者，厚遣送之。其小种若束手自诣，欲效功者，皆除其罪。……"

[**他的武装最终被帝国征伐大军击碎；由降者从事的靖安：**]永平元年［58年］，复遣中郎将窦固、捕虏将军马武等击滇吾于西邯，大破之。事已具武等传。① 滇吾远引去，余悉散降，徙七千口置三辅。以谒者窦林领护羌校尉，居狄道。林为诸羌所信，而滇岸遂诣林降。……明年，滇吾……降……谒者郭襄代领校尉事，到陇西，闻凉

---

① 《后汉书·朱景王杜马刘傅坚马列传》载：显宗初，西羌寇陇右，覆军杀将，朝廷患之，复拜武捕虏将军，以中郎将王丰副，与监军使者窦固、右辅都尉陈欣，将乌桓、黎阳营、三辅募士、凉州诸郡羌胡兵及弛刑，合四万人击之。到金城浩亹［mén，县名，属金城郡，在今甘肃永登县西南大通河东岸］，与羌战，斩首六百级。又战于洛都谷［山谷名，在青海湖以东，今青海海东市辖区乐都县］为羌所败，死者千余人。羌乃率众引出塞，武复追击到东、西邯［在今青海化隆回族自治县南］，大破之，斩首四千六百级，获生口千六百人，余皆降散。

州羌盛，还诣阙，抵罪，于是复省校尉官。滇吾子东吾立，以父降汉，乃入居塞内，谨愿自守。而诸弟迷吾等数为寇盗。

[在分裂为驯服的和不驯服的之后，烧当羌的一部分在迷吾率领下发动大规模造反，一次又一次地打败帝国地方军队，继而终被帝国中央远征军击碎；然而，他和他的怨灵远非容易离去反叛战场。]

[一个例子，显示羌族的反叛至少有时出自帝国地方治理者滥行暴虐：]肃宗[章帝]建初元年[76年]，安夷县[即今青海海东市平安县]吏略（掠）妻卑湳种羌妇，吏为其夫所杀，安夷长宗延追之出塞，种人恐见诛，遂共杀延，而与勒姐及吾良二种相结为寇。陇西太守孙纯遣从事李睦及金城兵会和罗谷[安夷县境内]，与卑湳等战，斩首虏数百人。复拜故度辽将军吴棠领护羌校尉，居安夷。[未被驯服的迷吾发动大规模造反，打败帝国军队，同时激励其他羌族部落追随他：]二年[77年]夏，迷吾遂与诸众聚兵，欲叛出塞。金城太守郝崇追之，战于荔谷，崇兵大败，崇轻骑得脱，死者二千余人。于是诸种及属国卢水胡悉与相应，吴棠不能制，坐征免。武威太守傅育代为校尉，移居临羌[县名，治所在今青海西宁市西部湟源东南]。迷吾又与封养种豪布桥等五万余人共寇陇西、汉阳，[他

被击碎，在一次又一次地战胜帝国地方军队之后：］于是遣行车骑将军马防，长外校尉耿恭副，讨破之。于是临洮、索西、迷吾等悉降。防乃筑索西城，徙陇西南部都尉戍之，悉复诸亭候。［**他再度造反，随即败北，遂暂时间屈服：**］至元和三年［86 年］，迷吾复与弟号吾诸杂种反叛。秋，号吾先轻入寇陇西界，郡督烽掾李章追之，生得号吾。将诣郡，号吾曰："独杀我，无损于羌。诚得生归，必悉罢兵，不复犯塞。"陇西太守张纡权宜放遣，羌即为解散，各归故地。迷吾退居河北归义城［今青海海南藏族自治州贵德县尕（gǎ）让古城］。傅育［护羌校尉］不欲失信伐之，乃募人斗诸羌胡，［**颇大一部分羌族人依然桀骜不驯，而且他依然是他们的领袖：**］羌胡不肯，遂复叛出塞，更依迷吾。

［**他抵抗一次旨在彻底摧毁他的帝国大规模地区性征伐，赢得大胜：**］章和元年［87 年］，育上请发陇西、张掖、酒泉各五千人，诸郡太守将之，育自领汉阳、金城五千人，合二万兵，与诸郡克期击之，令陇西兵据河南，张掖、酒泉兵遮其西。并未及会，育军独进。［**他被证明是个精明和凶猛的战术家：**］迷吾闻之，徙庐落去，育选精骑三千穷追之，夜至建威［亦在今贵德县］南三兜谷，去虏数里，须旦击之，不设备。迷吾乃伏兵三百人，夜突育营。营中惊坏散走，育下马手战，杀十余人而死，死者八

百八十人。［一个较低劣的华夏战术家对一个较优越的"蛮夷"战术家，被杀！］及诸郡兵到，羌遂引去。……（章帝）以陇西太守张纡代为校尉，将万人屯临羌。

［他远不是个伟大的战略家，过了克劳塞维茨式的"胜利顶点"（"culminating point of victory"），结果在帝国地区统帅张纡搞的一场狂野甚而险恶的杀戮中人头落地：］迷吾既杀傅育，狃忕［niǔ tài，惯习也］边利。章和元年［87年］，复与诸种步骑七千人入金城塞。张纡遣从事司马防将千余骑及金城兵会战于木乘谷［在今青海西宁市西部湟源县巴燕乡巴燕峡村］，迷吾兵败走，因译使欲降，纡纳之。［他掉了脑袋，在一场帝国地区总督/司令官搞的阴谋般的"种族"屠杀中：］遂将种人诣临羌县，纡设兵大会，施毒酒中，羌饮醉，纡因自击，伏兵起，诛杀酋豪八百余人。斩迷吾等五人头，以祭育冢。［进一步的屠戮紧随阴谋般的之后：］复放兵击在山谷间者，斩首四百余人，得生口二千余人。［他的儿子和族民以可辩解的狂野怨恨施行报复：］迷吾子迷唐及其种人向塞号哭，与烧何、当煎、当阗等相结，以子女及金银娉纳诸种，解仇交质，将五千人寇陇西塞，太守寇盱与战于白石，迷唐不利，引还大、小榆谷，北招属国诸胡，会集附落，种众炽盛，张纡不能讨。永元［和帝年号］元年［89年］，纡坐征，［他的儿子，一名看似的战略家，无法被决定性地击溃，除了依靠一种

"分而治之"的政治方略：] 以张掖太守邓训 [以政治方略对付或操控羌族这帝国顽患的一个代表] 代为校尉，稍以赏赂离间之，由是诸种少解。

先零羌：

[先零羌为首的羌族反叛再度爆发，在帝国衰颓期间，并且很大程度上正因为帝国衰颓。于是，有羌族与华夏帝国之间的又一大轮冲突和战争，持续十年以上，其间前者曾达到它在近两个世纪里的克劳塞维茨式"胜利顶点"。]

东号 [烧当羌头领滇吾之孙] 子麻奴立。初随父降，居安定。[愈益紧张的形势，缘于帝国衰颓，偕同高度镇压性和盘剥性的帝国政策或行为：] 时，诸降羌布在郡县，皆为吏人豪右所徭役，积以愁怨。安帝永初元年 [107年] 夏，遣骑都尉王弘发金城、陇西、汉阳羌数百千骑征西域，弘迫促发遣，群羌惧远屯不还，行到酒泉，多有散叛。诸郡各发兵徼（徼）遮，或覆其庐落。于是勒姐、当煎大豪东岸等愈惊，遂同时奔溃。麻奴兄弟因此遂与种人俱西出塞。

[在其豪酋滇零之下的先零羌与其大规模的胜利反叛和入侵：]

[大规模反叛爆发，基于先零羌为首的部落联盟：] 先零别种滇零与钟羌诸种大为寇掠，断陇道。时羌归附既

久，无复器甲，或持竹竿木枝以代戈矛，或负板案以为楯，或执铜镜以象兵，郡县畏懦不能制。[**帝国发动一场大规模征伐，由宫廷第二号最有权势者指挥：**]冬，遣车骑将军邓骘[zhì]，征西校尉任尚副，将五营及三河、三辅、汝南、南阳、颍川、太原、上党兵合五万人，屯汉阳。[**帝国大军遭到其首次失败：**]明年[108年]春，诸郡兵未及至，钟羌数千人先击败骘军于冀西，杀千余人。校尉侯霸坐众羌反叛征免，以西域都护段禧代为校尉。[**它的第二次失败，决定性败北：**]其冬，骘使任尚及从事中郎司马钧率诸郡兵与滇零等数万人战于平襄[县名，治所在今甘肃通渭县西北]，尚军大败，死者八千余人。[**近西的边疆危机变得真正严重，延展到帝国的一个核心地区，且有其在中央的、对摄政政权来说的重大涵义：**]于是滇零等自称"天子"于北地，招集武都、参狼、上郡、西河诸杂种，众遂大盛，东犯赵、魏，南入益州，杀汉中太守董炳，遂寇抄三辅，断陇道。湟中诸县粟石万钱，百姓死亡不可胜数。朝廷不能制，而转运难剧，遂诏骘还师[**肯定是个令摄政太后家族内第二号权力人物（因而太后和太后家族本身）免遭声誉进一步丢失的途径**]，留任尚屯汉阳，为诸军节度。朝廷以邓太后故，迎拜骘为大将军，封任尚乐亭侯，食邑三百户。

三年[109年]春，复遣骑都尉任仁督诸郡屯兵救三辅。[羌蛮一次又一次地击败帝国军队，其纵深入侵简直难有止境：]仁战每不利，众羌乘胜，汉兵数挫。当煎、勒姐种攻没破羌县[治所在今青海乐都县东]，钟羌又没临洮县[即今甘肃定西市临洮县]，生得陇西南部都尉。明年春[110年]，滇零遣人寇褒中[县名，治所在今陕西汉中市西北大钟寺]，燔烧邮亭，大掠百姓。于是，汉中太守郑勤移屯褒中。军营久出无功，有废农桑，乃诏任尚将吏兵还屯长安，罢遣南阳、颍川、汝南吏士，置京兆虎牙都尉于长安，扶风都尉于雍，如西京三辅都尉故事。[**帝国政权不得不实行前沿收缩，在其防御需要与其资源能力之间致命的两难中**。]时，羌复攻褒中，郑勤欲击之。主簿段崇谏，以为虏乘胜，锋不可当，宜坚守待之。勤不从，出战，大败，死者三千余人[**帝国再度惨败！**]，段崇及门下史王宗、原展以身捍刃，与勤俱死，于是徙金城郡居襄武[今甘肃陇西县]。任仁战累败，而兵士放纵，槛车征诣廷尉诏狱死。段禧病卒，复以前校尉侯霸代之，遂移居张掖。①五年[111年]春，任尚坐无功征免。羌遂入寇河东，至河内，百姓相惊，多奔南度（渡）河。[**这强蛮在其纵深攻袭方面看似不可战胜。他们现在突入华夏中央！**]使北军中候朱宠将五

---

① 《后汉书·安帝纪》载：四年[110年]……三月……先零羌寇褒中，汉中太守郑勤战殁。徙金城郡都襄武。……

冬十月甲戌……大将军邓骘罢。[**摄政太后不得不罢免他的兄长、她之下外戚家族最有权势的人物，因为他在面对帝国危机时无能。**]

营士屯孟津，诏魏郡、赵国、常山、中山缮作坞候［犹坞壁］六百一十六所。

［**帝国政权不得不作进一步的重大纵深收缩，"以避寇难"：**］

羌既转盛，而二千石、令、长多内郡人，并无守战意，皆争上徙郡县，以避寇难。朝廷从之，遂移陇西徙襄武，安定徙美阳［治所在今陕西咸阳市武功县西北］，北地徙池阳［今陕西西安和咸阳两市结合部的泾阳县和三原县的部分地区］，上郡徙衙［县名，其时属冯翊］。［**重大收缩导致受冲击的普通民众的巨大苦难：**］百姓恋土，不乐去旧，遂乃刈其禾稼，发彻室屋，夷营壁，破积聚。时连旱蝗饥荒，而驱蹙［cù，驱赶促迫］劫略，流离分散，随道死亡，或弃捐老弱，或为人仆妾，丧其太半。［**收缩加上对纵深突入的羌族兵力的小规模攻袭——帝国的应对方略：**］复以任尚为侍御史，击众羌于上党羊头山［在今山西长治县］，破之，诱杀降者二百余人，乃罢孟津屯。其秋，汉阳人杜琦及弟季贡、同郡王信等与羌通谋，聚众入上邽城［在今甘肃天水市］，琦自称安汉将军。于是诏购募得琦首者，封列侯，赐钱百万，羌胡斩琦者赐金百斤，银二百斤。汉阳太守赵博遣刺客杜习刺杀琦，封习讨奸侯，赐钱百万。而杜季贡、王信等将其众据樗［chū］泉营。侍御史唐喜领诸郡兵讨破之，斩王信等六百余级，没入妻子五百余人，收金银彩帛一亿已（以）上。杜季贡亡从滇零。……

[先零羌的战争和入侵继续下去，在滇零的继承者零昌及其主要幕僚狼莫麾下；继一番胜败参半的军事纪录后，他们被任尚麾下的帝国军队决定性地击败，败于后者采取的一种恰当的战略，那嵌有一个农业社会在军事上克服游牧族的"秘诀"：]

滇零死，子零昌代立，年尚幼少，同种狼莫为其计策，以杜季贡为将军，别居丁奚城［在今宁夏灵武市南］。七年［113年］夏，骑都尉马贤与侯霸掩击零昌别部牢羌于安定，首虏千人，得驴、骡、骆驼、马、牛、羊二万余头，以畀［bì，给予］得者。

[先零羌及其伙伴纵深入侵，其军事结果胜败参半：]
元初元年［114年］春，遣兵屯河内，通谷冲要三十三所，皆为坞壁，设鸣鼓。零昌遣兵寇雍城［在今陕西宝鸡市凤翔境内］，又号多与当煎、勒姐大豪共胁诸种，分兵抄掠武都、汉中。巴郡板楯蛮将兵救之，汉中五官掾程信率壮士与蛮共击破之。号多退走，还断陇道，与零昌通谋。侯霸、马贤将湟中吏人及降羌胡于枹罕击之，斩首二百余级。凉州刺史皮杨击羌于狄道，大败，死者八百余人，杨坐征免。侯霸病卒，汉阳太守庞参代为校尉。参以恩信招诱之。[政治方略现在对羸弱的帝国政权来说是个较好的

选择，如果它是可能的话。]

[对先零羌的一大帝国征伐，从起初成功到严重失败：]二年［115年］春，号多等率众七千余人诣参降，遣诣阙，赐号多侯印绶遣之。……零昌种众复分寇益州……使屯骑校尉班雄屯三辅，遣左冯翊司马钧行征西将军，督右扶风仲光、安定太守杜恢、北地太守盛包、京兆虎牙都尉耿溥、右扶风都尉皇甫旗等，合八千余人，又庞参将羌胡兵七千余人，与钧分道，并北击零昌。参兵至勇士［县名，属天水郡］东，为杜季贡所败，于是引退。钧等独进，攻拔丁奚城，大克获。杜季贡率众伪逃。[一大克劳塞维茨式"摩擦"使起初的成功转为严重失败：]钧令光、恢、包等收羌禾稼，光等违钧节度，散兵深入，羌乃设伏要击之。钧在城中，怒而不救，光等并没，死者三千余人。钧乃遁还，坐征自杀。庞参以失期军败抵罪，以马贤代领校尉事。[一种恰当的帝国战略浮现，它嵌有一个农业社会在军事上克服游牧族或半游牧族的"秘诀"：]后遣任尚为中郎将，将羽林、缇骑、五营子弟三千五百人，代班雄屯三辅。尚临行，怀令虞诩说尚曰……"兵法：弱不攻强，走不逐飞，自然之势也。今虏皆马骑，日行数百，来如风雨，去如绝弦。以步追之，势不相及，所以旷而无功也。[应当有一种对称战略，即设法建设骑兵来对抗骑兵：]为使君计者，莫如罢诸郡兵，各令出钱数千，二十

人共市一马，如此，可舍甲胄，驰轻兵，以万骑之众，逐数千之虏，追尾掩截，其道自穷。便人利事，大功立矣。"尚大喜，即上言用其计。乃遣轻骑抄击杜季贡于丁奚城，斩首四百余级，获牛、马、羊数千头。[**采取了该战略，有效！**]

[**该战略的另一个版本亦由帝国军队使用，再度有效：**]明年［116年］夏，度辽将军邓遵，率南单于及左鹿蠡王须沈万骑，击零昌于灵州，斩首八百余级。封须沈为破虏侯，金印紫绶，赐金、帛各有差。[**帝国的进一步扫击：**]任尚遣兵击破先零羌于丁奚城。秋，筑冯翊北界候坞五百所［骑兵加防御工事体系：**农业社会有效抵挡甚而战胜游牧社会的传统军事法宝**］。任尚又遣假司马募陷陈（阵）士，击零昌于北地，杀其妻子，得牛、马、羊二万头，烧其庐落，斩首七百余级，得僭号文书及所没诸将印绶。[**近西的军事形势最终翻转，利于经常败北的汉帝国。**]

四年［117年］春，尚遣当阗种羌榆鬼等五人刺杀杜季贡，封榆鬼为破羌侯。其夏，尹就以不能定益州，坐征抵罪。以益州刺史张乔领尹就军屯，招诱叛羌，稍稍降散。秋，任尚复募效功种号封刺杀零昌[**帝国的先零羌战争可被认为在多年后终于艰难获胜，由刺杀这蛮夷头领和下述富平上河之捷作为决定性的最后打击**]，封号封为羌王。

◈ 殆无止境的大战略艰难 ◈

[**最后的大战役，非常残酷地进行，击碎先零羌的最后大兵力：**] 冬，任尚将诸郡兵与马贤并进北地击狼莫，贤先至安定青石岸，狼莫逆击，败之。会尚兵到高平，因合势俱进。狼莫等引退，乃转营迫之。至北地，相持六十余日，战于富平［县名，治所在今宁夏吴忠市西南］上河，大破之，斩首五千级，还得所略（掠）人男女千余人，牛、马、驴、羊、骆驼十余万头。[**简直是场典型的种族战争！**] 狼莫逃走，于是西河虔人种羌万一千口诣邓遵降。

五年［118年］，邓遵募上郡全无种羌雕何等刺杀狼莫 [**帝国战区指挥一次又一次地使用刺杀，而且每个场合使用的刺客都是羌族人**]，赐雕何为羌侯，封遵武阳侯，三千户。[**附带故事：摄政政权的裙带关系游戏导致真正的（亦是腐败的）胜利缔造者惨遭公开处决：**] 遵以太后从弟故，爵封优大。任尚与遵争功，又诈增首级，受赇枉法，臧（赃）千万已（以）上，槛车征弃市，没入田庐奴婢财物。自零昌、狼莫死后，诸羌瓦解，三辅、益州无复寇儆。

[**帝国对先零羌的胜利事实上是皮洛士式的胜利**①（Pyrrhus victory）：]

---

① 皮洛士（公元前318—公元前272年），古希腊伊比鲁斯国王，曾率兵至意大利与罗马交战，付出惨重代价击败罗马。皮洛士式的胜利，意指付出惨痛代价取得的胜利。——编者注。

自羌叛十余年间，兵连师老，不暂宁息。军旅之费，转运委输，用二百四十余亿，府帑空竭。延及内郡，边民死者不可胜数，并、凉二州，遂至虚耗。

[先零羌之乱的后续；马贤的帝国战争和恶行与其后果。]

[先零羌被击碎后，种种不同的羌人大致互不协调地从事众多零碎的冲突和战争；其中，由帝国专员马贤从事的几场大为残忍，有如典型的种族战争；主要有他，纯军事的血腥方式在有关的边疆地区简直肆行不已：]

六年 [119 年] 春，勒姐种与陇西种羌号良等通谋欲反，马贤 [护羌校尉] 逆击之于安故 [县名，治所在今甘肃临洮南]，斩号良及种人数百级，皆降散。

永宁元年 [120 年] 春，上郡沈氏种羌五千余人复寇张掖。其夏，马贤将万人击之。初战失利，死者数百人。明日复战，破之，[马贤颇为残忍：] 斩首千八百级，获生口千余人，马、牛、羊以万数，余虏悉降。时当煎种大豪饥五等，以贤兵在张掖，乃乘虚寇金城。贤还军追之出塞，[甚至更残忍：] 斩首数千级而还。烧当、烧何种闻贤军还，率三千余人复寇张掖，杀长吏。初，饥五同种大豪卢匆、忍良等千余户别留允街，而首施 [犹首鼠] 两端。建光元年 [121 年，是年邓太后崩] 春，马贤率兵召卢匆斩之，因放兵击其种人，[**再度残忍：**]首虏二千余人，掠马、牛、羊十万头，忍良等皆亡出塞。玺书封贤安亭侯，食邑千户。忍良等以麻奴兄弟本烧当世嫡，而贤抚恤不至，常有怨心。秋，遂相结共胁将诸种步骑三千人寇湟中，攻金城诸县。贤将先零种赴击之，战于牧苑，兵败，死者四百余人。麻奴等又败武威、张掖郡兵于令居，因胁将先零、沈氏诸种四千余户，缘山西走，寇武威。贤追到鸾鸟，招引之[**政治方式，仅偶尔由这位帝国将领使用**]。诸种降者数千，麻奴南还湟中。

延光元年[122年]春，贤追到湟中，麻奴出塞度（渡）河。贤复追击，战破之，种众散遁，诣凉州刺史宗汉降。麻奴等孤弱饥困，其年冬，将种众三千余户诣汉阳太守耿种降。安帝假金印紫绶，赐金银彩缯各有差。是岁，虔人种羌与上郡胡反，攻縠罗城。度辽将军耿夔[kuí]将诸郡兵及乌桓骑赴，击破之。三年秋，陇西郡始还狄道焉。麻奴弟犀苦立。

顺帝永建元年[126年]，陇西钟羌反。校尉马贤将七千余人击之，战于临洮，斩首千余级[**又一次残忍！**]，皆率种人降。进封贤都乡侯，自是凉州无事。

[**帝国恢复近西战略前沿区，在被迫进行重大纵深收缩之后近二十年：**]

至四年[129年]，尚书仆射虞诩上疏曰："……《禹贡》雍州之域……沃野千里，谷稼殷积，又有龟兹盐池，以为民利。水草丰美，土宜产牧，牛马衔尾，群羊塞道。北阻山河，乘厄据险。因渠以溉，水春河漕。用功省少，而军粮饶足。故孝武皇帝及光武筑朔方，开西河，置上郡，皆为此也。而遭元元无妄之灾，众羌内溃，郡县兵荒，二十余年。夫弃沃壤之饶，损自然之财，不可谓利；离河山之阻，守无险之处，难以为固。今三郡未复，园陵［谓长安诸陵园］单外［谓无守固］，而公卿选懦［柔怯］……但计所费，不图其安。宜开圣德，考行所长。"书奏，帝乃复三郡。使谒者郭璜督促徙者，各归旧县，缮城郭，置候驿。既而激河浚渠，为屯田，省内郡费岁一亿计。遂令安定、北地、上郡及陇西、金城常储谷粟，令周数年。

……其冬，贤坐征免……

［此后，凶猛的屠夫马贤重返近西疆场，从事频频的征服、杀戮和剥夺：］

（阳嘉）三年［134年］，钟羌良封等复寇陇西、汉阳，诏拜前校尉马贤为谒者，镇抚诸种。马续遣兵击良封，斩首数百级。四年［135年］，马贤亦发陇西吏士及羌胡兵击杀良封，斩首千八百级，获马、牛、羊五万余头。良封亲属并诣贤降。贤复进击钟羌且昌，且昌等率诸种十余万诣凉州刺史降。永和元年［136年］，马续迁度辽将军，复以马贤代为（护羌）校尉。

殆无止境的大战略艰难

初，武都塞上白马羌攻破屯官，反叛连年。二年[137年]春，广汉属国都尉击破之，斩首六百余级，马贤又击斩其渠帅饥指累祖等三百级，于是陇右复平。明年[138年]冬，烧当种那离等三千余骑寇金城塞，马贤将兵赴击，斩首四百余级，获马千四百匹。那离等复西招羌胡，杀伤吏民。

四年[139年]，马贤将湟中义从兵及羌胡万余骑掩击那离等，斩之，获首虏千二百余级，得马、骡、羊十万余头。[**他几乎总是凶猛、冷血和残酷！**]征贤为弘农太守，以来机为并州刺史，刘秉为凉州刺史，并当之职。[**在中央，国务家梁商反对纯军事的血腥方式，提倡古老的华夏智慧，然而无用：**]大将军梁商谓机等曰："戎狄荒服，蛮夷要服，言其荒忽无常。而统领之道，亦无常法，临事制宜，略依其俗。今三君素性疾恶，欲分明白黑。孔子曰：'人而不仁，疾之已甚，乱也。'[《论语》文。郑玄注云："不仁之人，当以风化之，疾之已甚，是又使之为乱行。"]况戎狄乎！其务安羌胡，防其大故，忍其小过。"[**伟大见识！然而无用。**]机等天性虐刻，遂不能从。到州之日，多所扰发。[**一种华夏的"文明的"半自然状态？**]

[**又一大轮羌族反叛、入侵和战争，出自马贤式人物实行的帝国军事高压方针，为此他最终在近西战场上遭遇暴死，作为对他的惩罚；帝国赢得又一回皮洛士式的**

胜利：］

五年［140年］夏，且冻、傅难种羌等遂反叛，攻金城，与西塞及湟中杂种羌胡大寇三辅，杀害长吏。机、秉并坐征。于是发京师近郡及诸州兵讨之，拜马贤为征西将军，以骑都尉耿叔副，将左右羽林、五校士及诸州郡兵十万人屯汉阳。又于扶风、汉阳、陇道作坞壁三百所，置屯兵，以保聚百姓。且冻分遣种人寇武都，烧陇关，掠苑马。六年［141年］春，马贤将五六千骑击之。到射姑山，贤军败，贤及二子皆战殁。［**马贤战死，作为报复或惩罚！**］……

［**羌蛮长驱突入华夏本部的一个核心地区，看来又一次到了他们的"胜利顶点"，但只是看来而已：**］于是东西羌遂大合。巩唐种三千余骑寇陇西，又烧园陵，掠关中，杀伤长吏。邰阳令任頵［jūn］追击，战死。遣中郎将庞浚募勇士千五百人顿［屯驻］美阳［县名，治所在今陕西关中平原西部武功县西北］，为凉州援。武威太守赵冲追击巩唐羌，斩首四百余级，得马、牛、羊、驴万八千余头，羌二千余人降。诏冲督河西四郡兵为节度。罕种羌千余寇北地，北地太守贾福与赵冲击之，不利。秋，诸种八九千骑寇武威，凉部震恐。［**军事逆境迫使帝国再度收缩：**］于是复徙安定居扶风，北地居冯翊，遣行车骑将军执金吾张乔将左右羽林、五校士及河内、南阳、汝南兵万五千屯三

辅。[**新的帝国专员赵冲作了一次处理危机的政治努力，继而更多地重复马贤的血腥和剥夺方针：**]汉安元年[142年]，以赵冲为护羌校尉。冲招怀叛羌，罕种乃率邑落五千余户诣冲降。于是罢张乔军屯。唯烧何种三千余落据参辔[luán]北界。三年[144年]夏，赵冲与汉阳太守张贡掩击之，斩首千五百级，得牛、羊、驴十八万头。冬，冲击诸种，斩首四千余级[**如此血腥！**]。诏冲一子为郎。冲复追击于阿阳，斩首八百级。于是诸种前后三万余户诣凉州刺史降。

建康元年[144年]春，护羌从事马玄遂为诸羌所诱，将羌众亡出塞。领护羌校尉卫瑶追击玄等，斩首八百余级，得牛、马、羊二十余万头。[**看来，帝国在征服中的剥夺加剧到一个更巨大的规模！在这之后，幸免于被斩或被俘的羌蛮如何维持活命？**]赵冲复追叛羌到建威鹯阴河[《续汉书》"建威"作"武威"。鹯阴，县名，属安定郡]。军度（渡）未竟，所将降胡六百余人叛走，冲将数百人追之，遇羌伏兵，与战殁。冲虽身死，而前后多所斩获，羌由是衰耗。[**血腥方式奏效，以高昂的代价，包括他自己的性命。**]永嘉元年[145年]……以汉阳太守张贡代为校尉。左冯翊梁并稍以恩信招诱之，于是离湳、狐奴等五万余户诣并降，陇右复平……

[**帝国的胜利，又一次皮洛士式的胜利：**]自永和羌

叛，至乎是岁，十余年间，费用八十余亿。[**帝国腐败和衰颓/垂死的军界反映：**]诸将多断盗牢禀，私自润入，皆以珍宝货赂左右，上下放纵，不恤军事，士卒不得其死者，白骨相望于野。

[**帝国垂死和崩溃时代，羌人的反叛、入侵和战争必然频仍重起，其中某些规模甚大，突入甚深：**]

桓帝建和二年[148年]，白马羌寇广汉属国，杀长吏。是时西羌及湟中胡复畔（叛）为寇，益州刺史率板楯蛮讨破之，斩首招降二十万人。

……延熹二年[159年]……以中郎将段颎[jiǒng]代为（护羌）校尉。时烧当八种寇陇右，颎击大破之。[**一场大规模的纵深入侵：**]四年[161年]，零吾复与先零及上郡沈氏、牢姐诸种并力寇并、凉及三辅。会段颎坐事征，以济南相胡闳代为校尉。闳无威略，羌遂陆梁[嚣张，跋扈]，覆没营坞，寇患转盛，中郎将皇甫规击破之。五年[162年]，沈氏诸种复寇张掖、酒泉，皇甫规招之，皆降。事已具《规传》。鸟吾种复寇汉阳，陇西、金城诸郡兵共击破之，各还降附。至冬，滇那等五六千人复攻武威、张掖、酒泉，烧民庐舍。六年[163年]，陇西太守孙羌击破之，斩首溺死三千余人。[**大屠戮！恰如典型的种族战争。**]胡闳疾，复以段颎为校尉。

永康元年［167年］，东羌岸尾等胁同种连寇三辅，中郎将张奂追破斩之，事已具《奂传》。当煎羌寇武威，破羌将军段颎复破灭之，余悉降散。事已具《颎传》。……
[再度大规模的纵深入侵：] 中平元年［184年］，北地降羌先零种因黄巾大乱，乃与湟中羌、义从胡北宫伯玉等反，寇陇右。事已见《董卓传》。兴平［献帝年号］元年［194年］，冯翊降羌反，寇诸县，郭汜、樊稠击破之，斩首数千级。[“半蛮夷”屠戮"蛮夷"，在中国"重新野蛮化"的一个超长时代的开端] ……

后汉书卷六十五皇甫张段列传摘录和评注

[皇甫规、张奂、段颎：帝国垂死时代里三位在对付边疆"蛮夷"（特别是难以驯服的羌族）方面非常能干的指挥将领，分别运用他们各自正相反对的、有其深刻涵义的战略方针。在某种重大意义上，这正相反对是历史性的（historic），亦即以温和为一大要素的军事/政治结合方针（一贯由张奂及皇甫规运用）vs. 依靠远征歼灭、战场杀戮甚或"种族清洗"的纯战斗方针（由段颎以简直极端的方式运用）。他们彼此是在对付边疆"蛮夷"的战略上的对手。]

[他们还在道德上正相反对，对邪恶的权宦集团有全然不同的态度：前两人是正直的英雄，后一人则是谄媚的

走狗。有讽刺意味的是，三人中间只有从未遭难的走狗在那黑暗时代终得暴死。]

…… ……

[在被迫的和自愿地隐居十多年之后，皇甫规再度自荐效力帝国，去对付羌蛮的反叛和大规模攻袭；他被委派为战区司令，依据一种兼具政治和军事努力的混合式方针赢得了他的战役：]

[在一个地方性的华夏战场，他作为指挥官初步显示了他的军事/政治才能：] 时，太（泰）山贼叔孙无忌侵乱郡县，中郎将宗资讨之未服。公车特征规，拜太（泰）山太守。规到官，广设方略，寇贼悉平。延熹四年 [161 年] 秋，叛羌零吾等与先零别种寇抄关中，护羌校尉段颎坐征 [颎击羌，坐为凉州刺史郭闳留兵不进下狱]。[**他再度自荐，要去对付羌蛮的反叛和大规模攻袭：**] 后先零诸种陆梁 [嚣张，猖獗]，覆没营坞。规素悉羌事，志自奋效，乃上疏曰：

……今猾贼就灭，太（泰）山略平，复闻群羌并皆反逆。臣生长邠岐，年五十有九，昔为郡吏，再更叛羌，豫筹其事，有误中之言。[**他的"比较优势"。**] 臣素有固疾，恐犬马齿穷，不报大恩，愿乞冗官，备单车一介之使，劳来三辅，宣国威泽，以所习地形兵势，佐助诸军。

◈ 殆无止境的大战略艰难 ◈

[他的非常成熟的战略观察和提倡，提倡用一种政治方针去对付军事难题：]臣穷居孤危之中，坐观郡将，已数十年矣。自鸟鼠[山名，位于今甘肃中部渭源县城西南八公里处，即先零羌寇发难处]至于东岱，其病一也。力求猛敌，不如清平；勤明吴、孙[吴起、孙武]，未若奉法。[言若求猛将，不如抚以清平之政；明习兵书，不如郡守奉法，使之无反]。前变未远，臣诚戚之。是以越职，尽其区区。

至冬，羌遂大合，朝廷为忧。三公举规为中郎将，持节监关西兵，讨零吾等，破之，斩首八百级。[**然而，由于这难题的紧迫性，他不得不依靠杀戮性的武装征伐。尽管如此，政治方略仍接踵而来**：]先零诸种羌慕规威信，相劝降者十余万。明年[162]，规因发其骑共讨陇右，而道路隔绝，军中大疫，死者十三四。规亲入庵庐，巡视将士，三军感悦。东羌遂遣使乞降，凉州复通。

[他实践他数十年来坚定的信念，即相信羌蛮反叛的原因是政治性和社会性的，并且取得了颇为正面的结果：]

先是，安定太守孙俊受取狼籍，属国都尉李翕[xī]、督军御史张禀多杀降羌，凉州刺史郭闳、汉阳太守越熹并老弱不堪任职，而皆倚恃权贵，不遵法度。规到州界，悉条奏其罪，或免或诛。羌人闻之，翕然反（返）善。沈氏大豪滇昌、饥恬等十余万口，复诣规降。

[他勇敢的正直再度遭到权宦和许多不那么有权的家

伙的报复，对此他有力地辩护自己和他的正确的边疆方针；但他最终遭受险恶的宦官们的迫害：]

规出身数年，持节为将，拥众立功，还督乡里，既无它私惠，而多所举奏，又恶绝宦官，不与交通，于是中外并怨，遂共诬规货赂群羌，令其文降。天子玺书诮让相属。规惧不免，上疏自讼曰：

（延熹）四年之秋，戎丑蠢戾，爰自西州，侵及泾阳［今陕西关中平原泾阳县］，旧都惧骇，朝廷西顾。明诏不以臣愚弩，急使军就道。幸蒙威灵，遂振国命，羌戎诸种，大小稽首，辄移书营郡，以访［问也］诛纳［规言羌种既服，臣即移书军营及郡，勘问诛杀并纳受多少之数目］，所省之费，一亿以上。以为忠臣之义，不敢告劳，故耻以片言自及微效。然比方先事［谓前辈败将］，庶免罪悔。[**再三的正直和行政诚实招致了众多私敌：**]前践州界，先奏郡守孙俊，次及属国都尉李翕、督军御史张禀；旋师南征，又上凉州刺史郭闳、汉阳太守赵熹，陈其过恶，执据大辟。凡此五臣，支党半国，其余墨绶，下至小吏，所连及者，复有百余。吏托报将之怨，子思复父之耻，载赘驰车，怀粮步走，交构豪门，竞流谤讟［dú］，云臣私报诸羌，谢其钱货。若臣以私财，则家无担石；如物出于官，则文簿易考。[**他的道德清白得到有力的自辩！**][**他的自卫论据变得甚至更雄辩：**]就臣愚惑，信如言音，前世尚遗匈奴以官姬，镇乌孙以公主。今臣但费千万，以怀叛羌。则良臣之才略，兵家之所贵，将有何罪，负义违理乎？[**他的政治方略得到有力的自辩！**]自永初[安帝年号，107—113年]以来，将出不少，覆军有五，动资巨亿。有旋车完封，写之权门[言覆军之将，旋师之日，多载珍宝，封印完全，便入权门]，而名成功立，厚加爵封。今臣还督本土，纠举诸郡，绝交离亲，戮辱旧故，众谤阴害，固其宜也。[**一幅令人印象深刻的对比图景：狂野的腐败 vs. 负责的诚实。**]臣虽污秽，廉洁无闻，今见覆没，耻痛实深。……

其年冬，征还拜议郎。论功当封。[**他最终遭到邪恶的宦官报复：**]而中常侍徐璜、左悺欲从求货，数遣宾客就问功状，规终不答。璜乘忿怒，陷以前事，下之于吏。官属欲赋敛请谢，规誓而不听[**他从不对邪恶的权势妥协**]，遂以余寇不绝，坐系（羁）廷尉，论输左校[左校为将作大匠下属机构，输作左校即服劳役刑]。诸公及太学生张凤等三百余人诣阙讼之。会赦，归家。

[**他复得边防指挥职位，在其上显示了他对自己和对他人的正直和诚实；他变得不再对垂死的政权怀抱希望：**]

征拜度辽将军，至营数月，上书荐中郎将张奂以自代。曰[**"见贤则委位"，他对他自己的正直和诚实；他无例外地唯贤是任，唯贤是举，只要有助于他被委派的边疆任务**]："臣闻人无常俗，而政有治乱；兵无强弱，而将有能否。伏见中郎将张奂，才略兼优，宜正元帅，以从众望。若犹谓愚臣宜充军事者，愿乞冗官，以为奂副。"朝廷从之，以奂代为度辽将军，规为使匈奴中郎将。及奂迁大司农，规复代为度辽将军。

规为人多意算，自以连在大位，欲退身避第 [**他是否丧失了对垂死的政权怀抱的希望？无论如何，这与先前的自荐相比是个大变化**]，数上病，不见听。会友人上郡太守王旻［mín］丧还，规缟素越界，到下亭迎之。因令客密告并州刺史胡芳，言规擅远军营，公违禁宪，当急举奏。芳曰："威明欲避第仕涂（途），故激发我耳。吾当为朝廷爱才，何能申此子计邪！"遂无所问。[**他确实不再对垂死的政权怀有希望：**] 及党事大起，天下名贤多见染逮，规虽为名将，素誉不高。自以西州豪桀，耻不得豫，乃先自上言："臣前荐故大司农张奂，是附党也。又臣昔论输左校时，太学生张凤等上书讼臣，是为党人所附也。臣宜坐之。"朝廷知而不问，时人以为规贤。

[**他对帝国政权的最后效劳，怀着对它的非常黯淡的看法：**]

在事数岁，北边威服 [**这主要由张奂成就，他由他无私地推荐为北部边疆指挥将领**]，永康元年 [永康为桓帝最终年号，仅167年一年]，征为尚书。其夏日食，诏公卿举贤良方正，下问得失。规对曰：

天之于王者，如君之于臣，父之于子也。诚以灾妖，使从福祥。陛下八年之中，三断大狱［谓诛梁冀，诛邓万、邓会，诛李膺等党事］，一除内嬖［无德而宠曰嬖，谓废邓皇后］，再诛外臣［杀桂阳太守任胤，杀南阳太守成瑨、太原太守刘质等］。而灾异犹见，人情未安者，殆贤愚进退，威刑所加，有非其理也。［他谴责暴政，极为同情所有被不义地迫害的人们：］前太尉陈蕃、刘矩，忠谋高世，废在里巷；刘祐、冯绲、赵典、尹勋，正直多怨，流放家门；李膺、王畅、孔翊，洁身守礼，终无宰相之阶。至于钩党之衅，事起无端，虐贤伤善，哀及无辜。［他谴责在暴政之下的政治文化：］今兴改善政，易于覆手，而群臣杜口，鉴畏前害，互相瞻顾，莫肯正言。……

对奏，不省。［在这场合，不予理睬是个礼貌的反应，如果考虑到他的严厉谴责。］

迁规弘农太守，封寿成亭侯，邑二百户，让封不受。再转为护羌校尉。熹平三年［174年］，以疾召还，未至，卒于穀城，年七十一。所著赋、铭、碑、赞、祷文、吊、章表、教令、书、檄、笺记，凡二十七篇。

［张奂是一位甚至比皇甫规更伟大的（学者型）边疆指挥将领，后者无私地举荐他为他本人的替代。他一再操作和打赢对入侵的蛮夷的大规模战役，同时一再有政治麻

烦和遭遇迫害，因为他厌恶行使统治的宦官，并且从不向他们妥协。］

［一位非常有才智有学问的儒者，出自流行一种特殊的尚武战略文化的西北边疆地区：］

张奂字然明，敦煌渊泉人也。父惇，为汉阳太守。奂少游三辅，师事太尉朱宠，学《欧阳尚书》。初，《牟氏章句》浮辞繁多，有四十五万余言，奂减为九万言。后辟大将军梁冀府，乃上书桓帝，奏其《章句》，诏下东观。以疾去官，复举贤良，对策第一，擢拜议郎。

［他开始实现他的首要宏愿——"大丈夫处世，当为国家立功边境。"他的尚武精神、（大）战略才能和英雄骁勇的首次显示；他几乎生性就是一位善于依凭武力和政治心理学去对付蛮夷的能干的司令官：］

永寿［桓帝年号］元年［155年］，迁安定属国都尉［管理内附匈奴人的军事长官；安定郡治所在今宁夏固原市原州区］。初到职，而南匈奴左薁鞬台耆、且渠伯德等七千余人寇美稷［县名，治所在今内蒙古准格尔旗西北，为西河属国都尉治所］，东羌复举种应之，而奂壁唯有二百许人，闻即勒兵而出。军吏以为力不敌，叩头争止之。奂不听，遂进屯长城，收集兵士，遣将王卫招诱东羌，因据龟兹［县名，在今陕西榆林市境内。武帝遣内附的龟兹国人于此，因以名县］，使南匈奴不得交通东羌。诸豪遂相率与奂和亲，共击薁鞬等，连战破之。伯德惶恐，将其众降，郡界以宁。

[他遵循汉帝国的一种最佳传统：主要依靠意在吸引的政治心理学去操控羌人，那有时连同武力征伐，总是伴有（蕴含的或明示的）武力威慑：]羌豪帅感奂恩德，上马二十匹，先零酋长又遗金镡[jù，一种像钟的乐器]八枚，奂并受之，而召主簿于诸羌前，以酒酹地曰："使马如羊，不以入厩；使金如粟，不以入怀。"[如羊如粟，喻多也。]悉以金马还之。羌性贪而贵吏清，前有八都尉率好财货，为所患苦，及奂正身洁己，威化大行。

[在他的更高职位上，类似的军事/政治结合方略由他继续下去，并且继续成功：]

迁使匈奴中郎将。时，休屠各及朔方乌桓并同反叛，烧度辽将军门[时度辽将军屯五原]，引屯赤坑，烟火相望。兵众大恐，各欲亡去。奂安坐帷中，与弟子讲诵自若，军士稍安。乃潜诱乌桓阴与和通，遂使斩屠各渠帅，袭破其众。诸胡悉降。

延熹元年[158年]，鲜卑寇边，奂率南单于击之，斩首数百级。

[在遭受政治麻烦、继而作为边疆行政长官有非常能干的表现之后，他操作了对一个入侵和掳掠的蛮夷联盟的大规模战役，战绩辉煌：]

明年[159年]，梁冀被诛，奂以故吏免官禁锢。奂与皇甫规友善，奂既被锢，凡诸交旧莫敢为言，唯规荐举前后七上。在家四岁，复拜武威太守。平均徭赋，率厉（励）散败，常为诸郡最，河西由是而全。其俗多妖忌，凡二月、五月产子及与父母同月生者，悉杀之。奂示以义方，严加赏罚，风俗遂改，百姓生为立祠。举尤异，迁度辽将军。数载间，幽、并清静。

[他的大规模战役，他的军事/政治巅峰：] 九年春 [166年]，征拜大司农。鲜卑闻奂去，其夏，遂招结南匈奴、乌桓数道入塞，或五六千骑，或三四千骑，寇掠缘边九郡，杀略（掠）百姓。秋，鲜卑复率八九千骑入塞，诱引东羌与共盟诅。于是上郡沈氏、安定先零诸种共寇武威、张掖，缘边大被其毒。朝廷以为忧，复拜奂为护匈奴中郎将 [他对击退大规模"蛮夷"而言必不可少！]，以九卿秩督幽、并、凉三州及度辽、乌桓二营，兼察刺史、二千石能否，赏赐甚厚。匈奴、乌桓闻奂至，因相率还降，凡二十万口。[对当时的帝国而言，他在"蛮夷"中间的威望是一大（甚或决定性的）资产！] 奂但诛其首恶，余皆慰纳之。唯鲜卑出塞去。

[他操作的另一场大战役，针对东向攻袭的羌蛮；他得胜，但出自权宦的政治纠葛接踵而来：]

永康元年 [永康为桓帝最终年号，仅167年一年] 春，东羌、先零五六千骑寇关中，围祋祤 [duìyǔ，县名，在今中国

殆无止境的大战略艰难

陕西省铜川市耀州区东］，掠云阳。夏，复攻没两营，杀千余人。冬，羌岸尾、摩螯等胁同种复抄三辅。奂遣司马尹端、董卓并击，大破之，斩其酋豪，首虏万余人，三州清定。论功当封，奂不事宦官，故赏遂不行，唯赐钱二十万，除家一人为郎。并辞不受，而愿徙属弘农［郡名，在今河南西部黄河南岸］华阴。旧制边人不得内移，唯奂因功特听，故始为弘农人焉。

……　……

奂少立志节，尝与士友言曰："大丈夫处世，当为国家立功边境。"及为将帅，果有勋名。……

［段颎：另一位由西北边疆地区的特殊战略文化产生的指挥将领，一次又一次地对边疆"蛮夷"进行凶猛的战役，特别是一贯在战场上杀戮和战胜羌人。他是个帝国战神和战场屠夫，操作一类他笃信的"种族清洗"和一种有充分武德的歼灭战略。］

［他具备一切，唯独缺乏政治远见和（像最终证明的那样）道德正直。］

段颎字纪明，武威姑臧人也。其先出郑共叔段，西域都护会宗之从曾孙也。［**他简直天生的尚武精神和后获的儒家学问**：］颎少便习弓马，尚游侠，轻财贿，长乃折节好古学。初举孝廉，为宪陵园丞、阳陵令，所在有能政。

［他起初的军事经历，出战入侵的"蛮夷"和国内的造反，显示了在战术欺骗和打赢大规模靖安战役方面的杰出才能：］

迁辽东属国都尉。时鲜卑犯塞，颎即率所领驰赴之。既而恐贼惊去，乃使驿骑诈赍玺书诏颎，颎于道伪退，潜于还路设伏。虏以为信然，乃入追颎。颎因大纵兵，悉斩获之。坐诈玺书伏重刑，以有功论司寇。刑竟，征拜议郎。

时，太（泰）山、琅邪贼东郭窦、公孙举等聚众三万人，破坏郡县，遣兵讨之，连年不克。永寿二年［156年］，桓帝诏公卿选将有文武者，司徒尹颂荐颎，乃拜为中郎将。击窦、举等，大破斩之，获首万余级［**屠夫！**］，余党降散。封颎为列侯，赐钱五十万，除一子为郎中。

［作为指挥将领，他一次又一次地对东向攻袭的羌蛮打大规模战役；他凶猛，暴烈，一贯杀戮，全未显出我们在皇甫规和张奂那里见到的军事/政治结合方针：］

延熹二年［159年］，迁护羌校尉。会烧当、烧何、当煎、勒姐等八种羌寇陇西、金城塞，颎将兵及湟中义从羌万二千骑出湟谷，击破之。追讨南度河，使军吏田晏、夏育募先登，悬索相引，复战于罗亭，大破之，斩其酋豪以下二千级，获生口万余人，虏皆奔走。

殆无止境的大战略艰难

明年［160年］春，余羌复与烧何大豪寇张掖，攻没钜鹿坞，杀属国吏民，又招同种千余落，并兵晨奔颎军。**［他在战场上格外凶猛，穷打狠追，大肆屠戮：］**颎下马大战，至日中，刀折矢尽，虏亦引退。颎追之，且斗且行，昼夜相攻，割肉食雪，四十余日，遂至河首积石山［在今甘肃西南部积石山保安族东乡族撒拉族自治县］，出塞二千余里，斩烧何大帅，首虏五千余人。又分兵击石城羌，斩首溺死者千六百人。烧当种九十余口诣颎降。又杂种羌屯聚白石［县名，治所在今甘肃南部甘南州夏河县麻当］，颎复进击，首虏三千余人。冬，勒姐、零吾种围允街［鲜明，在今甘肃永登县境内］，杀略（掠）吏民，颎排营救之，斩获数百人。

［他在"内部政治"中暂时遭难，因为来自一名文职同僚的贪欲和诬陷；然后，他得到"平反"，缘于他就解救边疆危局而言不可或缺：］四年［161年］冬，上郡沈氏、陇西牢姐、乌吾诸种羌共寇并、凉二州，颎将湟中义从讨之。凉州刺史郭闳贪共其功，稽固［犹停留］颎军，使不得进。义从役久，亦恋旧，皆悉反叛。郭闳归罪于颎，颎坐征下狱，输作左校。羌遂陆梁［猖獗］，覆没营坞，转相招结，唐突诸郡，于是吏人守阙讼颎以千数。朝廷知颎为郭闳所诬，诏问其状。颎但谢罪，不敢言枉，京师称为长者。**［他大概吸取了教训；一个人能够在战场上凶猛无畏，但不能在政治事务中如此！］**起于徒中，复拜

议郎，迁并州刺史。

[**恢复他的指挥意味着恢复凶猛征伐和屠戮：**] 时，滇那等诸种羌五六千人寇武威、张掖、酒泉，烧人庐舍。六年 [163 年]，寇势转盛，凉州几亡。冬，复以颎为护羌校尉，乘驿之（至）职。明年春，羌封僇、良多、滇那等酋豪三百五十五人率三千落诣颎降。当煎、勒姐种犹自屯结。冬，颎将万余人击破之，斩其酋豪，首虏四千余人。

八年 [165 年] 春，颎复击勒姐种，斩首四百余级，降者二千余人。夏，进军击当煎种于湟中，[**他可以输掉一场战斗，但从不输一场战役：**] 颎兵败，被围三日，用隐士樊志张策，潜师夜出，鸣鼓还战，大破之，首虏数千人。颎遂穷追，展转山谷间，自春及秋，无日不战，虏遂饥困败散，北略武威间。

颎凡破西羌，斩首二万三千级，获生口数万人，马牛羊八百万头，降者万余落。[**在打击攻袭的羌人方面，他是个一贯的战场屠夫和得胜者！**] 封颎都乡侯，邑五百户。

永康元年 [167 年]，当煎诸种复反，合四千余人，欲攻武威，颎复追击于鸾鸟 [县名，治所在今甘肃永昌县水源镇北地村北]，大破之，杀其渠帅，斩首三千余级，西羌于此弭定。

[**现在清晰地显现出他与张奂之间的战略对极，即纯战斗（杀戮）方针 vs 军事/政治结合方针；前者在短期内**

的吸引力是其决胜之迅捷利落:]

而东羌先零等,自覆没征西将军马贤后,朝廷不能讨,遂数寇扰三辅。其后度辽将军皇甫规、中郎将张奂招之连年,既降又叛。桓帝诏问颎曰:"先零东羌造恶反逆,而皇甫规、张奂各拥强众,不时辑定。欲颎移兵东讨,未识其宜,可参思术略。"颎因上言曰**[他在与君主的直接沟通中,抨击张奂的军事/政治结合方针,主张他自己的凶猛杀戮]**:"臣伏见先零东羌虽数叛逆,而降于皇甫规者,已二万许落,善恶既分,余寇无几。今张奂踌躇久不进者,当虑外离内合,兵往必惊。且自冬践春,屯结不散,人畜疲羸,自亡之势,徒更招降,坐制强敌耳。臣以为狼子野心,难以恩纳,势穷虽服,兵去复动。唯当长矛挟胁,白刃加颈耳。**[彻底击碎是个决绝的决胜方式,虽然它代价高得多,而且蕴含经久的负面后果。]** 计东种所余三万余落,居近塞内,路无险折,非有燕、齐、秦、赵从(纵)横之势,而久乱并、凉,累侵三辅,西河、上郡,已各内徙,安定、北地,复至单危,自云中、五原,西至汉阳二千余里,匈奴、种羌,并擅其地,是为痈疽伏疾,留滞胁下,如不加诛,转就滋大。今若以骑五千,步万人,车三千两(辆),三冬二夏,足以破定,无虑〔都凡〕用费为钱五十四亿。如此,则可令群羌破尽,匈奴长服,内徙郡县,得反(返)本土。伏计永初〔安帝年号,

107—113年］中，诸羌反叛，十有四年，用二百四十亿；永和［顺帝年号，136—141年］之末，复经七年，用八十余亿。[**战略一向是个资源耗费估算问题**。]费耗若此，犹不诛尽，余孽复起，于兹作害。今不暂疲人，则永宁无期。臣庶竭驽劣，伏待节度。"帝许之，悉听如所上。[**用他后来得意的话说，"臣谋得利，兔计不用"**。]

后汉书卷八十七西羌传摘录和评注

[我们的史家在其《西羌传》之末做的评论，篇幅之长符合西羌难题在东汉时代的重大意义和突出地位。他严厉谴责摄政太后邓绥之下帝国对西羌危机的羸弱无力，还有张奂和皇甫规主张和施行的温和的军事/政治结合方针。他的种族愤恨溢于言表。]

论曰：羌戎之患，自三代尚矣。汉世方之匈奴，颇为衰寡，[考虑到东汉的恒久的边疆危机和严重麻烦，它是个华夏羸弱乏力的时代（而且终结于华夏重新野蛮化）：]而中兴以后，边难渐大。[羌族骚动和作乱的原因被概论如下：]朝规失绥御之和，戎师骞[亏损]然诺之信。其内属者，或倥偬[困苦窘迫]于豪右之手，或屈折于奴仆之勤。塞候时清，则愤怒而思祸；桴革暂动，则属鞬以鸟惊[桴，击鼓槌；革，甲；鞬，箭服]。[**帝国危机的第一波大潮**

◆ 殆无止境的大战略艰难 ◆

与近西边疆地区遭受的巨大苦难：]故永初[安帝年号，107—113年]之间，群种蜂起[**由先零羌为首**]。遂解仇嫌，结盟诅，招引山豪，转相啸聚，揭木为兵，负柴为械。毂马扬埃，陆梁于三辅；建号称制，恣睢于北地。东犯赵、魏之郊，南入汉、蜀之鄙，塞湟中，断陇道，烧陵园，剽城市，伤败踵系，羽书日闻。并、凉之士，特冲残毙，壮悍则委身于兵场，女妇则徽纆而为虏，发冢露胔[zì，带有腐肉的尸骨，也指整个尸体]，死生涂炭。自西戎作逆，未有陵斥上国若斯其炽也。[**摄政邓太后之下帝国对危机的羸弱无力态势遭到我们史家的严厉谴责：**]和熹[和熹皇后邓绥]以女君亲政，威不外接。朝议惮兵力之损，情存苟安。或以边州难援，宜见捐弃；或惧疲食浸淫，莫知所限。谋夫回遑，猛士疑虑，[**他尤其谴责帝国收缩，放弃前沿：**]遂徙西河四郡之人，杂寓关右之县。发屋伐树，塞其恋土之心；燔破赍积，以防顾还之思。[**还谴责频繁不已、代价高昂和甚为腐败的帝国征伐：**]于是诸将邓骘、任尚、马贤、皇甫规、张奂之徒，争设雄规，更奉征讨之命，征兵会众，以图其隙。驰骋东西，奔救首尾，摇动数州之境，日耗千金之资。至于假人增赋，借奉侯王，引金钱缣彩之珍，征粮粟盐铁之积。所以赂遗购赏，转输劳来之费，前后数十巨万。[**帝国的皮洛士式胜利与其严重后果遭到他无保留的抨击：**]或枭克酋健，摧破附落，降俘载路，牛羊满山。军书未奏其利害，而离叛之状已言矣。故得不酬失，功不半劳。暴露师徒，连年而无所胜。官人屈竭，烈士愤丧。[**他还抨击以温和为一大要素的军事/政治结合方针（一贯由张奂及皇甫规主张和运用），并且怀着种族愤恨病态地赞美段颎的大肆屠戮：**] 段颎受事，专掌军任，资山西之猛性，练戎俗之态情，穷武思尽飙锐以事之。被羽前登，身当百死之阵；蒙没冰雪，经履千折之道。始殄西种，卒定东寇。若乃陷击之所歼伤，追走之所崩籍，头颅断落于万丈之山，支革判解于重崖之上，不可校计。其能穿窬草石，自脱于锋镞者，百不一二。而张奂盛称"戎狄一气所生，不宜诛尽，流血污野，伤和致妖"。是何言之迂乎！羌虽外患，实深内疾，若攻之不根，是养疾疴于心腹也。惜哉寇敌略定矣，而汉祚亦衰焉。[**因而，东汉王朝可被认为是与羌族的经久战争的最终输家，无论羌族遭到了怎样严重的损伤。**] 呜呼！昔先王疆理九土，判别畿荒，知夷貊殊性，难以道御，故斥远诉华，薄其贡职，唯与辞要而已。若二汉御戎之方，失其本矣。何则？[**一种或许深刻的大战略史反思：**] 先零侵境，赵充国迁之内地；煎当作寇，马文渊[马援]徙之三辅。贪其暂安之势，信其驯服之情，计日用之权宜，忘经世之远略，岂夫识微者之为乎？故微子垂泣于象箸，辛有浩叹于伊川也 [《左传》曰："周平王之东迁也。大夫辛有适伊川，见被发而祭于野者，曰：'不及百年，此其戎乎！'"后秦迁陆浑戎于伊川。言中国之地不宜徙戎狄居之，后将为患]。[**我们的史家在"五胡乱华"之后溢于言表的沉痛和种族愤恨！**]